© 2018 por Agustín Nuño Rodríguez
ISBN: 9781980879084

Puede contactar con el autor en su
página web www.agustinnuno.com o
en el correo agustin@impulsor.es

Redes sociales:
https://www.linkedin.com/in/agustinnuno
https://twitter.com/anunorod (@anunorod)
https://www.facebook.com/anunorod

Agradecimientos

Pues si es complicado esto… A ver si no me olvido a nadie.

Irene, por aguantar, aguantar, aguantar y apoyar, apoyar, apoyar y apoyar. Siempre, pase lo que pase. A pesar de los pesares, que diría el otro.

A Alfonso Ocon, artista, pintor, familia y amigo, por una portada espectacular donde no se pierde tu estilo que tanto me gusta. Gracias.

A Santiago Torre y a Victor Bajaras por su apoyo y consejos a la hora de empujarme y asesorarme para terminar el libro.

A María José Navarro por atreverse a prologar mi primer libro: ¡quiero volver a aquellos años con Antonio Herrero! Un millón de gracias.

A mi hija Eva (que no se entera de qué va esto todavía), a mi padre, a mi madre y a todos los clientes y amigos que han hecho de mi lo que soy.

A ti que has tenido el valor de comprar este libro.

A Pedro, Pablo, Albert y Mariano… GRACIAS
¡Ay… si nuestros políticos fueran comerciales!

índice

Prólogo

Agustín Nuño es periodista. Ya vamos mal. Ya vamos regular tirando a muy mal. Agustín ahora es comercial. Definitivamente, vamos fatal. Pero es que Agustín se ha puesto las botas del pocero y ahora quiere explicarle a Rajoy (y a otros tres señores más que son los líderes de sus formaciones políticas o algo así) cuál debería ser su actitud si quisieran vendernos bien su producto y tener éxito .

La conclusión del libro debería ser clara: a quién de estos cuatro Vd, querido lector, contrataría sin dudarlo para sacar adelante su empresa.

Claro, la cuestión es peliaguda. Para empezar a Rajoy, según y cómo, le parece que hay aspectos que, dependiendo del momento, no se deben tocar. Por ejemplo, la brecha salarial entre hombres y mujeres. NO TOCA AHORA. NO NOS METAMOS EN ESO AHORA. Imaginen que les llega un señor con barba y registrador de la propiedad a venderles su producto y trata de que no bajen a la letra pequeña porque NO TOCA AHORA.

Imaginen que encuentran más trampas que en un juego chino en el contrato, imaginen que nada está claro y que al comercial no le interesa explicarse porque sabe que tiene un suelo de clientes tan amplio que, le compre Vd o no, le da exactamente igual. Posiblemente quede Vd con él en una cita y no aparezca, posiblemente esté buscando circunloquios imposibles para excusarse por su plantón. Posiblemente tenga un precio distinto para su producto dependiendo de si es Vd hombre o mujer, posiblemente. Y cuando Vd pregunta por qué la respuesta es NO TOCA AHORA.

Pero abren Vd la puerta y está Pedro Sánchez al otro lado. Qué guapo el comercial, se dice Vd para sus adentros. Qué apuesto y qué limpio, madre del amor hermoso, cómo son de guapos lo comerciales de esta empresa últimamente. Antes tuvieron a un señor muy parecido a Hervé Villechaize, que en paz descanse, y luego otro con unas cejas muy peculiares al que le sentaban los trajes como a un Santo Cristo dos pistolas. Oigan pero este es muy apuesto, ojo. Y cuando ha pasado a casa de Vds y le han puesto una Mahou y unos berberechos se dan cuenta de que es una filfa y que lo que esperaban de ese logo tan prestigioso se queda en un lío cojonudo.

Y llega el butanero. El del mono naranja. Ay, Señor, qué cosa más limpia y más de fiar, qué suerte hemos tenido. Todo va bien con el trato y el contrato, por fin alguien que no me robe el monedero (del Monedero hablaremos después), qué alegría este muchacho, qué desnudo tiene (ojo, que lo hizo), qué maravilla de persona y con los codos suaves. Llega el butanero y se llama Albert. Mira tú qué mono y qué moderno. Y te da la mano calamar, blanda, rodaballo, como recién sacada de una caja con hielo. Y te cuenta sus condiciones y resulta que los anexos son de una incoherencia aplastante. Virgen Santa, que tampoco.

Aparece finalmente un muchacho con coleta. Antes venía Monedero, un comercial que aparecía en un canal de televisión haciendo poesías a una caja de madera con forma de corazón. ¿Cómo? Pero se quedó el de la coleta y al principio trajo aire fresco. E iba a ser el padre del año. Todo iba bien hasta que le nombraron comercial de su empresa y firmamos su contrato. Lo que firmas no se cumple, no hay garantías, y al final no tienes gas, pero te han puesto una pancarta en casa.

Agustín Nuño ha tratado de ponerse en los zapatos de estos cuatro comerciales y la respuesta es clara: yo contrataría lo que me venda Agustín. Un tipo que ha sabido inventarse de nuevo, sacar el gaznate, salir adelante, ser feliz, estar ilusionado, llevarse bien con su familia y echarse a la espalda la responsabilidad de montar una empresa para asesorar a todos aquellos locos que, de pronto, quieren hacer posible su propio negocio, tiene mi firma.

Querido Agustín: mi respeto eterno y mi cariño. Ya vendrán comerciales mejores en la política. Suerte y al lío.

María José Navarro

Periodista albaceteña

Premio Antena de Oro en 2017

Llegó con 18 años a la Cadena COPE, donde ha sido directora de los Servicios Informativos de la emisora en Castilla-La Mancha y en Murcia. Además, ha asumido la dirección de varios programas a nivel nacional y ha trabajado junto a periodistas de primer nivel y estrellas de la radio como Antonio Herrero o Carlos Herrera, con el que ha vuelto a coincidir.

Actualmente es columnista en La Razón y ha trabajado en cadenas de televisión como Telemadrid, Popular TV o TVE.

Y por qué no...

Hace ya un tiempo que escuché eso de que en la profesión de un consultor, barra formador, barra conferenciante, barra mentor, barra ponga usted, querido lector, los adjetivos calificativos que le dé la gana, si no tienes un libro no eres nadie. Y me lo tomé muy en serio. Tanto, que me puse tres veces a escribirlo sin éxito alguno.

Ahora, en esta cuarta ocasión, cuando me planteé la temática de este libro, fue algo sencillo: "vamos a hablar de ventas y de dirección comercial". Y, claro, me puse a investigar sobre los libros y manuales que existen en las librerías referentes al tema. No exagero si digo que había más o menos ciento cincuenta y siete mil cuatrocientos treinta y seis libros de la misma temática... (bueno, sí exagero, pero usted me entiende).

Y ocurrió lo que tenía que ocurrir: desmotivación, desánimo, donde me estoy metiendo, 'Manolete si no sabes pa qué te metes'... y todos esos pensamientos que uno tiene cuando te das cuenta de que te estás metiendo en un jardín.

Pero mi cabezonería, pregúntele a mi mujer, es algo que no tiene límites. Y cuando se trata de algo que afecta a mi trabajo, a mi verdadera pasión, hasta que no lo hago no termino, no me siento bien. Así que seguí hacia adelante. ¡Y por fin ha sido la definitiva!

He tomado la decisión de escribir sobre un tema interesante para una gran mayoría e intentar llevarlo a mi especialización: el mundo de las ventas. Y, por supuesto, no hay tema que en estos tiempos preocupe más a las masas que el escenario político nacional.

¿Cómo relacionamos la parte política con las ventas? Fácil, ¿verdad?.

Vendedor = político
Comprador = votante
Producto = Mensaje ideológico

¡Perfecto! Ya tenemos lo básico. Ahora lo que toca es buscar el hilo conductor. Así que, ¿por qué no cogemos a los principales líderes políticos y los ponemos frente al espejo del comercial de éxito y comparamos las cualidades del "supervendedor" con las suyas propias?

Y ya que estamos, ¿por qué no cogemos a los principales formadores y expertos en formación comercial que existen en nuestro país y les pedimos que nos ayuden a valorar las actitudes comerciales de cada uno de ellos? Más que nada, para que no parezca un estudio subjetivo, sino que sea lo más objetivo posible.

Pues señoras y señores, querido lector, este pequeño libro trata sobre eso. Vamos a intentar descubrir cuál es o cuáles son los políticos de nuestro país con más y mayores atributos comerciales.

En muchas ocasiones, nos encontramos con personas que nos dicen eso de "es que Pedro Sánchez, no se qué…", "es que Rivera, no sé cuánto…", "es que el Iglesias…", "es que Rajoy no sabe venderse…".

En el siguiente relato que va usted a leer, Alberto y Javier, directores comerciales en sus empresas y amigos de la juventud, se encuentran por casualidad en un restaurante a la hora del almuerzo. Ambos se enzarzan en una apasionada conversación sobre la actitud comercial, analizando a los cuatro líderes de los principales partidos españoles. El detonante, esta pregunta: "¿Y si Rajoy fuera comercial…?". "¿Y si lo fueran también Pedro Sánchez, Albert Rivera y Pablo Iglesias…?". "¿A quién contratarías…?".

Ya le aviso, querido lector, que mi objetivo con este libro no es responder a esta pregunta. El discurso de la conversación le llevará a usted, lector, a sus propias conclusiones. La conversación se estructura sobre los siete conceptos que, desde mi punto de vista, definen al buen comercial de éxito:

Los comerciales deben tener ese punto de ACTOR que les ayude a mostrar su "mejor versión" de si mismos a pesar de lo que les ocurra en su interior, de cómo se sientan, de cómo lo estén pasando en su vida privada. El trabajo es el trabajo y, como diría mi mentor en esto de las ventas, "los malos rollos te los dejas en la puerta".

Además el comercial debe tener un punto de CURIOSO. En el fondo creo que todos los profesionales deben estar actualizándose constantemente, leyendo, estudiando, profundizando en los aspectos más importantes que le harán sobresalir sobre el resto en su labor profesional... Y en el área comercial no va a ser menos: la formación continua es pieza angular y característica principal del comercial.

Junto a esto, el vendedor debe ser TENAZ, no desfallecer ante los continuos noes del día a día. No venirse abajo y creer en sí mismo, en su producto y en sus habilidades para hacer que su cliente potencial le compre.

IMPLICADO, con sus ideas, con su empresa, con sus clientes, consigo mismo...

El buen comercial tiene un punto de TORERO, de saber dar pases de pecho a aquellos clientes un poco especiales. Tiene que saber "torear" las embestidas de los clientes, las objeciones, los problemas de la postventa...

Además el comercial debe trabajar su marca personal, debe trabajar sus redes sociales, hacer de su huella digital algo que acompañe a lo que quiere trasladar a sus clientes. ¿Los clientes son de las empresas o de los comerciales? El comercial es UNICO.

Pero lo mejor de todo es que el comercial tiene que ser alguien que disfrute de su trabajo. Si, te lo garantizo, se puede ser comercial y feliz. Se puede vender y ser un tipo DIVERTIDO. Es más, estoy seguro, que la mayoría de esos amigos tuyos con los que te irías sin lugar a dudas a tomarte algo, están relacionados con la atención al cliente, la comunicación o el mundo comercial.

A pesar de sus diferencias ideológicas, Alberto y Javier debaten con pasión sus reflexiones sobre el mundo comercial y de las ventas, el verdadero protagonista de este relato.

En definitiva, este relato no pretende reflexionar sobre cuál es el candidato a votar, sino de analizar las características de los comerciales de éxito y enfocarlas hacia nuestros políticos, siempre desde el respeto a todas las opiniones.

¡Ay, si Rajoy fuera comercial…!

El encuentro

Javier y Alberto, dos directores comerciales en sus respectivas empresas y amigos desde hace muchos años, son unos apasionados del mundo de las ventas. Una día de trabajo, por casualidades de la vida, coinciden en un restaurante a la hora del almuerzo.

- ¡Hola Alberto!
- ¡Hola Javier! Me alegro mucho de verte. ¿Cómo tú por aquí a estas horas? ¿No deberías estar trabajando?
- Vaya, Alberto, yo también me alegro. Tú siempre tan sarcástico. No vas a cambiar nunca. Tengo una cita con un posible e importante proveedor aquí al lado y cuando estaba aparcando, me llaman de su oficina y me dicen que no puede atenderme hasta después del almuerzo, que su avión se ha retrasado y que disculpe.
- Pues mal empieza la relación con este posible e importante proveedor tuyo si a la primera te cambia a última hora la reunión - afirmó Alberto.
- Sí, es una faena. Así que toca esperar trabajando, gestionando unos documentos y aprovechando para comer algo. Bueno, y a todo esto…. ¿Tú qué haces por aquí? - preguntó Javier.
- Si te cuento, no te lo crees.
- Bueno, inténtalo...
- Estamos en pleno proceso de expansión del Área Comercial de mi empresa y me han encargado que lidere la búsqueda de

perfiles jóvenes que aporten frescura y nuevas ideas al departamento - detalló Alberto.

- ¡Anda! Enhorabuena.
- Estoy encantado con este nuevo reto. Además, serán mi equipo de trabajo de mi nueva área de responsabilidad, la de Estrategia de Ventas - destacó Alberto.
- Me alegro mucho, han sabido reconocer tu esfuerzo y liderazgo de las Ventas en tu empresa. Pero vamos, aún no me has dicho por qué estás aquí - señaló Javier.
- Ah, sí. Pues verás, estoy a punto de contratar a un alumno al que di clases en el máster y al revisar sus perfiles sociales he visto que ha publicado una reseña de esta cafetería con unas serie de barbaridades que necesitaba comprobar con mis propios ojos - finalizó Alberto.
- ¡Qué casualidad!
- Ya sabes de la importancia de tu rastro digital y, sobre todo, de tus opiniones. Así que vengo a observar la atención al cliente y pensar qué hago con él en la reunión de esta tarde - comentó Alberto, ahora sí en un tono más serio.
- Bueno, pues siéntate conmigo y nos ponemos al día mientras yo espero a mi cliente y tú espías el lugar - le planteó Javier.
- ¡Claro! - respondió Alberto aceptando la propuesta de comer juntos.

A pesar de que Alberto y Javier se conocen hace más de 20 años, las obligaciones profesionales y familiares no les permiten verse a menudo, aunque cada que vez que coinciden disfrutan de una buena conversación.

- Quién nos lo iba a decir en el instituto, que trabajaríamos en algo tan apasionante como las ventas, cuando estábamos más interesados en hacer gamberradas y bebernos unas cervezas que en las clases - recordó con cariño Javier.
- Bueno, habla por ti, que yo era buen estudiante - protestó en tono irónico Alberto.

- No te enfades, si yo también me llevaba bien con los libros - le espetó Javier.
- ¡Eras un empollón! - comentó Alberto con intención de picar a Javier.
- Un poco sí - reconoció Javier.

Alberto y Javier aún recuerdan el último año antes de comenzar la Universidad. Nunca habían estudiado tanto, y pasaron muchas horas compartiendo apuntes.

- ¿Qué desean tomar?, preguntó educadamente el camarero.
- Queremos comer algo - contestó Alberto.
- Si lo desean, pueden ver nuestra carta y ahora me comentan - señaló el camarero.
- De acuerdo.
- ¿Desean algo de beber?
- Una botella de agua - respondió Alberto.
- Que sean dos - apostilló Javier.
- ¡Ahora mismo! - contestó rápidamente el camarero.
- A mí también me gusta recordar los buenos tiempos, los de nuestra adolescencia, esos años cuando lo más importante era ir con los amigos y no tenías que pensar en cosas como, por ejemplo, a quién votar en las próximas elecciones - comentó de manera despreocupada Javier, rememorando esos años de juventud.
- La verdad es que sí - remató Alberto con un halo de añoranza.
- ¡Qué buenos tiempos!
- Oye, pues ahora que has hablado de política…
- No, no, no, Alberto, de política no he hablado. Sólo estaba recordando la falta de preocupaciones cuando íbamos al instituto. Qué a mí la política, ya sabes que no me va.
- Bueno Javier., ya me entiendes. A mí tampoco me gusta hablar de política. Pero si de perfiles comerciales. ¿Te acuerdas de las siete reglas para ser un comercial de éxito?

- Sí, claro. La tan mencionada "actitud" comercial - respondió Javier.
- Venía pensando por el camino en esto y ahora que has comentado lo de elegir tu voto, se me ha ocurrido esta pregunta: "¿Y si Rajoy fuera comercial?" ¿Y si también lo fueran Pedro Sánchez, Albert Rivera y Pablo Iglesia? ¿A quién contratarías? - preguntó Alberto de manera contundente.
- Jajaja, ¡Vaya pregunta! - acertó a responder Javier.
- Bueno, ya sabes que me gustan los símiles con el mundo de las ventas.
- Hombre, pues así de sopetón, no sé qué decirte. Supongo que depende de lo que estés buscando, aunque podemos revisar nuestras clases de Marketing y recordar los conceptos que convierten a un comercial en un comercial de éxito.
- ¡Buena idea! - enfatizó Alberto.
- ¿Y qué tal está tu familia? - preguntó Javier, cambiando de tema
- Están todos bien, gracias. Con los viajes habituales de los niños a Urgencias, pero lo normal. ¿Y cómo están tus padres? - respondió Alberto
- Están bien. Les doy saludos de tu parte.

- Aquí tienen sus bebidas - señaló el camarero antes de servir el agua en las copas de ambos
- ¡Gracias! - respondieron ambos a la vez
- ¿Han pensado que desean para comer? - preguntó el camarero.
- Vamos a pedir el menú ejecutivo - afirmó Javier.
- Ahora mismo le paso la nota a cocina.
- Bien - respondió escuetamente Javier.
- Bueno, entonces... ¿comenzamos con la A de actor? - preguntó Alberto.

A, de actor

Alberto y Javier se disponen a comenzar una apasionada conversación sobre la actitud comercial de nuestros candidatos al próximo Gobierno. Ambos disfrutan enormemente de este tiempo inesperado para charlar y, por qué no, recordar viejos tiempos.

- Sí. Vamos a por la A de actor - afirmó Javier.
- Pero antes de comenzar, quiero hacerte dos preguntas - enfatizó Alberto.
- Dímelas.
- ¿Tú qué crees que esperan los votantes, los clientes finales, de nuestros políticos? ¿Y cómo venden su producto los próximos candidatos al Gobierno de España en las siguientes elecciones generales? - cuestionó Alberto.
- ¡Vaya dos preguntas! - señaló Javier.
- Sí, me gusta comenzar fuerte - contestó Alberto.
- En primer lugar, nosotros los votantes queremos que nuestros políticos lideren iniciativas que mejoren nuestra sociedad.
- Tú siempre tan idealista, Javier.
- Jejeje. Pues sí, lo era, lo soy y lo seré. Es lo que tenemos los que nos consideramos progresistas. Y respecto a la segunda pregunta, creo que ahí no vamos a llegar a ningún acuerdo, porque tu visión de la vida en general y la política en particular

es más liberal y conservadora que la mía - señaló Javier, dando por hecho sus diferencias ideológicas.

- No tenemos que llegar a ningún acuerdo. Lo único que queremos es analizar a nuestros políticos como si fueran comerciales y tuvieras que elegir a quién contratarías, en función de las siete actitudes comerciales que te llevarán al éxito en las ventas - intervino Alberto, zanjando cualquier polémica.

- Sí, eso ya me ha quedado claro.

- ¿Y tú quién crees que se vende como mejor actor de los cuatro? - preguntó Alberto.

- ¿Te refieres a Mariano Rajoy, Pedro Sánchez, Albert Rivera y Pablo iglesias?

- Sí, claro. Pero quiero escucharte a ti primero, a ver si me convences, jajaja.

- Jejeje. Sí, seguro - dijo sonriendo Javier.

- Bueno, inténtalo - le respondió Alberto.

Javier hace una pausa antes de iniciar su reflexión. Siempre le ha gustado pensar bien sus palabras antes de arrepentirse de ellas.

- La relación de un político con sus votantes es como la de un vendedor con su cliente, y el producto final, y el más codiciado, es nuestro voto - afirmó Javier.

- La decisión final de compra no depende exclusivamente de la razón - respondió Alberto.

- Sí, Hay otros factores importantes, como la comunicación no verbal y el lenguaje corporal.

- Por supuesto, es un conjunto de factores - enfatizó Alberto.

- La forma de actuar está muy relacionada con nuestras capacidades comunicativas y todo ello, bien utilizado, genera confianza en sus clientes, los votantes.

- ¿Y quién es el que mejor comunica? - le preguntó a bocajarro Alberto a Javier.

- Aquí no nos vamos a poner de acuerdo, Alberto, porque yo confío más en el mensaje de la izquierda.

- Y yo en el de la derecha - respondió Alberto sin un ápice de duda.
- Ambos tenemos un pensamiento político opuesto.
- Sí, pero coincidimos en muchas ideas sobre empresa y ventas - afirmó Alberto.
- Tenemos distintas ideologías, pero podemos hablar de estos temas sin pelearnos - aseguró Javier.

Alberto es más directo en sus palabras que Javier. Prefiere pedir disculpas de vez en cuando a arrepentirse de no haber hecho o dicho algo que considere interesante.

- Si me preguntas por Rajoy, te diré que su estrategia de comunicación es sencilla de entender - destacó Alberto.
- ¿Lo dices por lo del plasma? - preguntó Javier con cierta ironía.
- ¡Hombre! Si tú también sabes ponerte sarcástico - destacó Alberto.
- Jejeje, claro que sí.
- No me refiero al plasma, aunque seguro que ha perdido clientes potenciales cuando ha utilizado una pantalla de televisión para no dar la cara - afirmó Alberto.
- Sí, ahí no acertó y por eso ha dejado de hacerlo.
- Me refería más bien a que su discurso es el de el típico comercial senior, que está muy bien relacionado y que, a pesar de ir algo sobrado en su discurso, hay que llevarse bien con él porque tiene muchos contactos y tener buena relación con él es indispensable para generar negocio - señaló Alberto, profundizando en la silueta comercial de Rajoy.
- Yo, en cambio, creo que su estrategia de comunicación no está pensada para captar nuevos clientes, sino más bien para mantener a los actuales y, sobre todo, para evitar fugas al partido que está intentando hacerse con la parte más grande posible de su cuota de mercado - prosiguió Javier.
- ¿Te refieres a Ciudadanos?, preguntó Alberto.

- Sí, la estrategia de comunicación de Albert Rivera y su partido está clara. Quieren hacerse con una cuota de mercado antes acaparada por el PP y han puesto en marcha un estrategia basada en la centralidad política - remarcó Javier.

- Sí, eso y que Albert Rivera sabe cómo actuar para captar la atención del cliente indeciso - incidió Alberto.

- Respeto tu opinión sobre Rivera, pero para mí es Pablo Iglesias el candidato que mejor actúa frente a las cámaras - afirmó Javier.

- ¿Eso crees? - preguntó sorprendido Alberto.

- Estoy convencido. Sabe lo importante que es actuar de una determinada manera para lograr los objetivos de su empresa y, desde el primer día, este partido ha hecho de sus apariciones televisivas uno de sus baluartes para lograr el éxito comercial que ya tuvo en anteriores elecciones generales - remarcó Javier, dejando meridianamente clara su opinión al respecto.

- Aunque no puedo estar de acuerdo con tu afirmación sobre Pablo Iglesias, te reconozco que no es mal actor. En todo caso, sí le culpo de no haber cambiado de discurso, una vez que ha captado a su público potencial pero no lo está aumentando - afirmó Alberto.

- Al menos, mantiene su clientela desde el comienzo - apuntó Javier.

Javier tuvo una primera opinión muy positiva sobre Podemos, pero rebajó mucho sus expectativas sobre el partido liderado por Pablo Iglesias cuando fueron incapaces de acordar con el PSOE un cambio de Gobierno.

- Para mí, la diferencia con Ciudadanos es que éstos han acertado en cambiar gradualmente de estrategia de ventas, aceptando los cambios en las necesidades de sus clientes, y ha empatizado con ellos - comenzó Alberto.

- Han sabido reaccionar y cambiar ciertos aspectos de su actuación para crecer y crecer - continuó Javier.

- Efectivamente, han captado el interés de unos clientes desencantados con su primera opción de voto y está monetizando en votos esta situación - opinó Alberto.
- No sé si la estrategia de ventas les ha venido impuesta o la han elegido, pero es cierto que están recogiendo a muchos clientes que se habían quedado en agua de nadie - comentó Javier
- La centralidad política vende. Y Rivera está sabiendo explotar este filón comercial - sentenció Alberto.
- Cierto.
- De todas formas, aunque Iglesias no sea santo de mi devoción, tengo que reconocerle que sabe utilizar muy bien el lenguaje como herramienta de venta, a pesar de que yo no soy su cliente potencial - afirmó Alberto, haciendo un gran esfuerzo por hacer una valoración positiva de Pablo Iglesias.
- Bueno, pues ya que nos sinceramos, a mí me parece que tanto Rajoy como Rivera tienen un discurso duro pero efectivo entre sus clientes. A mí nunca me captarán como cliente, pero entiendo la posición de quien finalmente les termine votando - señaló Javier.

Alberto fue muy crítico con la irrupción de Podemos en el tablero político. Nunca los ha considerado una alternativa real y su opinión no ha mejorado con el paso de los años, aunque sea capaz de valorar su actitud comercial.

- ¿Y qué me dices de Pedro Sánchez?. ¿Cómo calificas sus capacidades para la actuación? - preguntó Alberto.
- Bueno, Pedro Sánchez ha vuelto a la escena política tras una salida algo forzada, y en esta segunda parte de la actuación parece que ha decidido cambiar de escenógrafo - comentó Javier.
- ¿A qué te refieres?

- Ahora que ha regresado a la Secretaría General del PSOE, sus mensajes se han vuelto menos agresivos hacia el resto de competidores por el cliente final - explicó Javier.

- Se le ve más relajado - apostilló Alberto.

- En mi opinión, su mensaje es ahora el más ortodoxo y menos virulento, aunque aún no sabemos si este cambio le resultará efectivo en las próximas elecciones - comentó Javier con un tono de duda en sus palabras.

- Sí, todo esto son conjeturas, porque al final, el cliente, es decir, los votantes, son los que decidirán - apuntó Alberto.

- Por cierto, vaya espectáculo montaron en el Congreso de los Diputados el otro día - destacó Javier.

- ¿Y qué día no montan un show de declaraciones? - preguntó Alberto con media sonrisa en la boca.

- ¡Cierto!

- A veces pienso que si se vieran por televisión un día, igual cambiarían ciertas formas de comunicar tan agresivas y optarían por otras más amables y respetuosas - enfatizó Javier.

- Me encanta que no hayas perdido tu inocencia con los años, Javier.

- Ya me conoces Alberto.

- Por desgracia, estoy convencido de que ellos saben perfectamente medir sus actuaciones públicas en busca de unos resultados, aunque efectivamente a veces parece que olvidan sus objetivos comerciales - comentó Alberto.

- Llevarse nuestro voto - apuntó Javier.

- El de la mayoría de los ciudadanos españoles.

- Tienes razón.

- Todo esto que estamos hablando forma parte de la capacidad de actuar de los políticos en su actividad pública - afirmó Alberto.

- Sí, aunque no solo por su actuación elegiremos a uno u otro candidato.

- Exactamente, nuestras decisiones y motivaciones de compra también están condicionadas por nuestros prejuicios, racionales o irracionales, emociones, creencias, deseos o circunstancias - enumeró Alberto.
- Totalmente de acuerdo.
- Y en el caso de la motivación para emitir su voto, su pensamiento político será un factor fundamental para nuestros clientes, los votantes - destacó Alberto.
- Es evidente que la ideología es fundamental para entender los comportamientos y actitudes de nuestros clientes, los votantes, frente a los comerciales, nuestros candidatos al próximo Gobierno de España - refrendó Javier.
- Sí, aunque el principal nicho de mercado que se disputan todos los partidos son aquellos votantes que podríamos calificar como "no adscritos" - destacó Alberto.
- ¿Te refieres a los indecisos? - cuestionó Javier.
- Sí, éstos no especifican una ideología clara y aún no han decidido a quién van a votar en las próximas elecciones - comentó Alberto.
- ¿Y cómo deberían actuar nuestros candidatos para lograr votos en el mercado de los indecisos? - preguntó Javier.
- Si hablamos de un mercado potencial de votantes que aún no han tomado la decisión final de compra, en primer lugar hay que diseñar una estrategia de venta del producto, en función de los intereses del cliente final y de las necesidades de venta y los objetivos estratégicos de cada partido - argumentó Alberto.
- Claro, los objetivos comerciales son muy distintos, según cada partido político que se presenta a las próximas elecciones generales - prosiguió Javier con la argumentación.
- Y los clientes que aún no han decidido a quién van a comprar normalmente dedican poco o ningún tiempo a pensar este tema, lo que dificulta aún más que el mensaje de alguno de los candidatos les haga efecto y logre su voto - incidió Alberto.
- Sí, aunque todos quieren lo mismo - resumió Javier.

- Pues claro, lo que quieren es ganar.
- Evidentemente.
- Utilizan todas las herramientas de venta disponibles - destacó Alberto.
- Y su capacidad de actuar es una de ellas.
- Javier, a mí me encanta escuchar la radio, y desde hace tiempo me he aficionado a las tertulias políticas - afirmó Alberto.
- ¡Yo también! Hay que estar informado.
- Sí. Y el uso del lenguaje es fundamental en las entrevistas. Aquí no cuenta la imagen y la manera de actuar de nuestros candidatos es muy distintas a sus apariciones en televisión - señaló Alberto.
- La radio simplifica la comunicación y permite analizar en profundidad las ideas planteadas por el entrevistado, frente a la televisión, donde entran en juego otras factores relacionados con la comunicación no verbal en general y la imagen en particular - prosiguió Javier.

Alberto coge de nuevo la iniciativa en la conversación y vuelve a la carga con la pregunta del millón.

- Bueno, entonces, ¿Cuáles son las cualidades de un buen actor comercial? - preguntó Alberto.
- Tiene que utilizar la empatía para conocer las necesidades de sus clientes - respondió Javier rápidamente.
- Sí, la empatía es fundamental.
- El primer paso de un comercial de éxito es ponerse en el lugar de su cliente para conocer en profundidad sus intereses y necesidades empresariales - enfatizó Javier.
- Efectivamente. Y a partir de aquí, podrás diseñar una estrategia de ventas acorde a sus objetivos comerciales - argumentó Alberto.
- Un buen uso de la empatía te ayudará a conectar con tu cliente.
- Sí, y esto es básico para generar un clima de confianza mutua que permita desarrollar ideas conjuntas y poner en marcha

propuestas innovadoras y, sobre todo, acertadas - destacó Alberto.

- Y debes hacerte con el escenario y llevar la voz cantante durante los encuentros comerciales - comentó Javier.
- De todas formas, empatía no significa complacer a tu cliente en todo lo que desea - opinó Alberto.
- Por supuesto que no. Si hiciéramos todo lo que nuestros clientes quieren…
- ¡Mal iríamos! - apostilló Alberto.
- Jejeje. A veces, nuestra misión es devolverles a la realidad comercial - dijo Javier.
- Por dura que ésta sea
- Y a partir de ahí, comenzar a desarrollar una estrategia de ventas - comentó Javier.
- Otra cualidad de un actor comercial de éxito es el trato educado y amable hacia su cliente - señaló Alberto.
- Sí, pero nunca hay que confundir educación con adulación.
- No soporto a los comerciales aduladores.
- Yo tampoco. No aportan nada.
- Todo lo que les cuenta el cliente les parece bien, asienten ante cada propuesta y comprometen la viabilidad de la estrategia de ventas - destacó Alberto.
- La pérdida del espíritu crítico te puede llevar a un camino erróneo sin vuelta atrás y, por tanto, al fracaso comercial - incidió Javier.
- ¿Y son capaces nuestros políticos de actuar para cambiar nuestra opinión sobre ellos y captar nuestro voto en las próximas elecciones? - recalcó Alberto.
- Lo descubriremos en las próximas elecciones generales. Hasta entonces, tan solo podemos analizar sus actuaciones y evaluar nuestro decisión final de compra - respondió Javier.
- Oye Javier, ¿y qué me dices de la 'C', de curioso?

C, DE CURIOSO

Alberto y Javier comienza a debatir sobre la curiosidad como actitud comercial. Ambos conocen la importancia de esta cualidad para descubrir la mejor solución a nuestros problemas, tanto en nuestra vida como en nuestro trabajo.

-   ¡Bendita curiosidad! - exclamó Javier.
-   Sí.
-   Tan importante como a veces ninguneada y olvidada - sentenció Javier en tono solemne.
-   Completamente de acuerdo.
-   Hay quien olvida que la curiosidad es uno de los mejores caminos para triunfar profesionalmente - remarcó Javier
-   Javier, en tu opinión, ¿cuáles son las características de un comercial de éxito curioso?
-   Bueno, yo considero que la curiosidad comercial te lleva a estar formado en todo lo que te ayude a vender más - respondió Javier.
-   ¡La formación! Que raro que no hubiéramos hablado de ella hasta ahora - señaló Alberto.
-   Sí. Es un elemento clave en un sector tan competitivo y oscilante como el nuestro.
-   Sin ninguna duda.
-   Todo el conocimiento que puedas adquirir sobre tu ámbito profesional sumará a tu favor - remarcó Javier.
-   Nunca sabes los retos que te vas a encontrar durante el proceso de ventas.
-   Una formación adecuada te permite anticiparte a las necesidades de tus clientes - realzó Javier.
-   Y no solo en tu ámbito profesional - apuntó Alberto.

- Sí, la curiosidad debe llevarte a aprender más sobre otras cuestiones que, aunque no sean estrictamente de tu trabajo, te permiten mejorar tus habilidades profesionales - destacó Javier.
- Creo que los dos estamos pensando en los idiomas, ¿verdad? - preguntó Alberto.
- Sí. La necesidad de dominar varios idiomas, o al menos el inglés, ha aumentado muchísimo los últimos años en el sector de las ventas - contestó Javier.
- Trabajamos en un sector completamente globalizado que puede generar negocio en cualquier país del mundo.
- Por eso debemos contar con herramientas que nos permitan saltar las barreras del idioma y lograr la venta final.
- Además, las oportunidades para la formación en idiomas ahora son mayores - destacó Alberto.
- Aunque lo realmente importante es una actitud curiosa para buscar aquellos conocimientos que necesites para mejorar en tu puesto de trabajo - comentó Javier.
- Así lo entiendo yo también - apuntó Alberto.
- Para mí, la curiosidad es una potencialidad innata en todas las personas y debemos aprender a usarla en nuestro favor - comentó Javier.
- Ya lo decía el anuncio, "la potencia sin control no vale para nada" - comentó Alberto
- Algo así decía.
- La curiosidad es una actitud comercial imprescindible para afrontar problemas - destacó Alberto.
- Es muy necesaria - afirmó Javier sin género de duda.
- Sin curiosidad por lo desconocido, no encontrarás las mejores soluciones - remarcó Alberto.
- Es el arte de estar preparado para el puesto - remarcó Javier.
- Es un elemento necesario para entender a tu cliente - finalizó apostilló.

Javier y Alberto interrumpen durante unos segundo la conversación al observar que el camarero trae los primeros platos. Alberto recuerda una situación en su trabajo relacionada con este tema que Javier no conoce y quiere saber su opinión.

- Javier, antes te he comentado que estoy formando un nuevo equipo de trabajo que voy a liderar.
- Sí. Algo me has adelantado.
- Vamos a diseñar una nueva línea estratégica de ventas - destacó Alberto.
- Ya me contarás mejor.
- En tres semanas comenzamos a funcionar a pleno rendimiento - comentó Alberto, que recordó la importancia de de este nuevo proyecto profesional.
- Vaya, ha sido todo muy rápido.
- Fue algo inesperado, pero a la vez me alegro que pensaran en mí para liderar este apasionante proyecto - afirmó Alberto.
- Significa que reconocen tus capacidades profesionales, para esto y mucho más - profundizó Javier en la merecida alabanza hacia su amigo.
- Confío en estar a la altura - acertó a decir Alberto.
- Seguro que sí.
- Una tarde que tenga un hueco, te aviso y te pasas por mi oficina para enseñártelo todo - comentó Alberto.
- ¡Hecho! - respondió Javier.

Alberto vuelve a pensar en la responsabilidad que supone su nuevo cargo. Está entusiasmado con afrontar nuevas tareas. Siempre le han gustado los retos profesionales y éste es uno de los mayores en su vida.

- En esta nueva etapa tendremos que enfrentarnos a nuevos retos, con proyectos y clientes potenciales muy interesantes - afirmó Alberto, en un tono más serio de lo habitual.
- Tendréis que poner a pruebas vuestras destrezas comerciales - respondió Javier.
- Sí. Por eso, necesito formar un equipo que disfrute buscando las mejores respuestas comerciales a los problemas que puedan ocurrir - remarcó Alberto.

- Que utilicen una actitud comercial curiosa.
- Efectivamente. Hace dos semanas comenzamos el proceso de selección de las ocho vacantes que estamos ofertando - comentó Alberto.
- ¿Y qué tal está yendo? - preguntó Javier.
- Muy bien, aunque la recepción de currículums nos ha desbordado por momentos - señaló Alberto.
- Es normal, son muchos puestos de trabajo y, además, muy interesantes.
- Sí. Después de una primera criba de aquellos que no daban el perfil en formación, idiomas y experiencia profesional, seleccionamos un grupo de candidatos que ya han pasado una primera prueba presencial - destacó Alberto.
- ¿Y de todo esto te has encargado tú personalmente? - le preguntó Javier.
- No. De estas tareas se encarga nuestro Departamento de Recursos Humanos. Hacen un trabajo excelente y hemos diseñado conjuntamente las entrevistas de trabajo - destacó Alberto.
- ¿Y qué le habéis preguntado? - cuestionó Javier.
- Además de lo habitual, al ser un nuevo área de desarrollo comercial en nuestra empresa, les hemos planteados supuestos de objetivos de ventas muy complicados de lograr - destacó Alberto.
- Qué interesante.
- El resultado ha sido muy positivo. Varios aceptaron el reto comercial y, antes de darnos una respuesta, hicieron preguntas sobre el caso para tener más datos y poder ofrecer una solución más adecuada - enfatizó Alberto.
- Tomaron ventaja sobre sus competidores - remarcó Javier.
- Pusieron en práctica una actitud comercial curiosa para triunfar.
- ¿Y tenéis ya tomada una decisión sobre los candidatos a los nuevos empleos? - cuestionó Javier.

- Aún no. Mañana recibo me reúno a primera hora con Recursos Humanos para darme los resultados preliminares y decidir a quiénes llamamos para la entrevista final.
- Siempre es emocionante participar en estas pruebas de selección de personal - destacó Javier, mientras recordaba aquellas que él tuvo que pasar para lograr el tan ansiado ascenso.
- Una actitud curiosa te ayudará a sobreponerte a todas las dificultades que encuentres durante el proceso de venta - señaló Javier.
- Y a enfrentarte a situaciones fuera de tu zona de confort - finalizó Alberto.

Después de un largo tiempo sin apenas tener contacto, Alberto y Javier coincidieron hace cuatro años en una cita de networking para empresas de su sector y, a partir de ese momento, intentan verse al menos un par de veces al año para ponerse al día.

- Javier, antes hablábamos de la importancia de la formación para ser mejor profesional de las ventas.
- Sí, es básico.
- ¿Y crees que nuestros cuatro candidatos le dan la importancia que tiene a la formación? - preguntó Alberto.
- En primer lugar, los políticos, al igual que los comerciales, necesitan formarse de forma continua para ofrecer las mejores opciones a sus clientes - respondió Javier.
- Completamente de acuerdo.
- Y, desde hace ya años, los idiomas se ha convertido un factor determinante para multiplicar tus habilidades comerciales.
- Sí. Especialmente el inglés - apuntó Alberto.
- Por desgracia, creo que ahí aún se nota la falta de formación en idiomas de hace unas décadas en nuestro país, que siguen pasando factura a nuestros políticos de más edad - comentó Javier.
- Mariano Rajoy podría ser el máximo ejemplo.

- Sí, aunque los otros tres candidatos, a pesar de su juventud respecto a Rajoy, nunca han destacado por el manejo de los idiomas.
- La verdad es que nunca he escuchado una intervención pública de alguno de ellos en otro idioma - destacó Alberto.
- Definitivamente, los idiomas no son el punto fuerte de ninguno de ellos - apostilló Javier.
- Deben buscar fórmulas para contrarrestar estas carencias formativas.
- Por ejemplo, en la formación aplicada a la comunicación verbal y no verbal.
- Es cierto. Tienen muy bien estudiados todos sus movimientos, especialmente cuando hay cámaras delante, para proyectar una imagen pública determinada por la estrategia puesta en marcha por cada uno de ellos para captar votos de los electores, sus clientes - destacó Alberto.
- En esto hay que reconocerles que son bastante buenos - comentó Javier.
- Cada uno de nuestros cuatro candidatos disponen de un equipo de profesionales a su alrededor que analizan cada paso que dan y proponen mejoras continúas en lo relacionado con la comunicación de los candidatos - destacó Alberto.

Javier y Alberto conocen de primera mano las dificultades de hace unas décadas para formarse correctamente en idiomas. Por suerte, esta situación ha mejorado y tanto ellos como sus equipos de ventas cuentan con la formación necesaria para afrontar su trabajo con garantía de éxito.

- Yo concibo la curiosidad comercial como el arte de estar preparado para el puesto - resumió Javier.
- ¿Y cuál de nuestros candidatos es el que está más preparado para la venta? ¿Quién consideras que está mejor formado para entender a su cliente, el elector? - preguntó Alberto.

- Empieza tú, que has hecho la pregunta - afirmó Javier, dejando que Alberto tomara la iniciativa.
- Para mí, Albert Rivera sería un comercial que está siempre pensando en vender - señaló Alberto.
- Se nota que le gusta lo que hace - sentenció Javier.
- Y disfruta con la competición por el triunfo - reafirmó Alberto.
- Es, posiblemente, el candidatos con las expectativas de venta más altas - aseguró Javier.
- Ahora mismo, sí.
- Y tiene que saber jugar con estas elevadas opciones de victoria - recordó Javier.
- Debe ser inteligente para definir una estrategia de ventas atractiva - destacó Alberto.
- A la vez que lo diferencie de su competencia.
- Como, por ejemplo, su juventud - apuntó Alberto.
- Puede ser una cualidad muy positiva, si sabes gestionarlo bien - enfatizó Javier.
- O muy negativa si no eres capaz de contrarrestar tus posibles debilidades por tu falta de experiencia - señaló Alberto.
- ¡La experiencia! - exclamó Javier.
- Este producto de venta que tan bien sabe explotar Rajoy - prosiguió Alberto.
- Sin duda.
- Es, de los cuatro candidatos, el que tiene más recorrido en la política - destacó Alberto.
- Algo que, a veces, se vuelve en su contra - opinó Javier.
- Rajoy tiene muchas tablas para sobrellevar las críticas - aseguró Alberto.
- No sé, Alberto, no sé. Según mi manera de entender las ventas, una actitud comercial curiosa implica reconocer que existen problemas y plantear soluciones.
- Sí, es importante analizar tus debilidades - aseguró Alberto.
- Y reconocer errores no es una de las cualidades que mejor defina a Rajoy.

- Es posible - reconoció Alberto.
- Prefiere mirar hacia otro lado hasta que pase el temporal antes de afrontar la situación - profundizó Javier.
- Pero no debe estar muy equivocado en su estrategia cuando ha sido reelegido presidente del Gobierno - destacó Alberto.
- ¡Ya! - exclamó en tono sarcástico Javier.
- Acuérdate que el cliente siempre lleva la razón - finalizó Alberto también en un tono jocoso.

Javier y Alberto saben que el cliente no siempre lleva la razón. Ambos han comprobado en primera persona que sus clientes también tienen tropezones, y parte de su trabajo es hacérselo saber para que no vuelvan a cometer el mismo error.

- En mi opinión, la curiosidad fue una actitud fundamental en la generación del movimiento 15-M y en la posterior gestación de Podemos - destacó Javier.
- El desembarco de Pablo Iglesias fue impactante, eso no se puede negar - remarcó Alberto.
- Para mí, supo captar el interés de un cliente potencial poco o nada interesado por su voto, que se identificaban como progresistas - recordó Javier.
- Su éxito inicial fue indiscutible - comentó Alberto, muy a su pesar.
- Conectó con un público desencantado con la oferta y las propuestas que ofrecían los partidos de la izquierda - sentenció Javier.
- Sí.
- Aprovechó la oportunidad de situarse en una posición ideológica novedosa - apuntó Javier.
- ¿Y cómo crees que ha gestionado esta victoria? - preguntó Alberto.
- No sé, quizás este triunfo les llegó muy rápido. Tienen un gran reto por delante en las próximas elecciones. La situación de

Ciudadanos, que aspira a todo, les hace pasar por un momento decisivo - afirmó Javier.

- Se la juegan en las próximas elecciones. Un partido político funciona en gran medida como una mediana o gran empresa y su modelo de negocio también se basa en conseguir los objetivos previamente planteados - enfatizó Alberto.
- Podemos siempre ha prometido cambiar la política en España con ideas nuevas y nuevas formas de gobernar - señaló Javier.
- Sí, pero equivocó su estrategia de ventas prometiendo aquello que sabía que no podría realizar - apuntó Alberto.
- Puede ser. Al menos, necesita mejorar los resultados de las anteriores elecciones si quiere establecerse definitivamente entre los principales partidos españoles - finalizó Javier.

Definitivamente, Javier y Alberto nunca se pondrán de acuerdo en sus opiniones sobre Pablo Iglesias. A pesar de todo, ambos respetan por encima de todo su amistad y no van a entrar en polémicas absurdas. Además, a ellos les interesa mucho más sus actitudes comerciales.

- Personalmente, al que veo más rezagado en cuanto a estar preparado para la venta es a Pedro Sánchez - opinó Alberto.
- ¿Por qué piensas eso? - cuestionó Javier.
- A veces, tengo la sensación de que sus apariciones públicas no están tan bien aprovechadas como las del resto.
- Pedro Sánchez no está en el Congreso de los Diputados - señaló Javier.
- Es posible.
- Acuérdate que perdió su escaño cuando renunció a liderar el PSOE en su anterior etapa - destacó Javier.
- ¡Cierto! - recordó Alberto.
- No puedo estar al tanto de todo lo que pasa en política, pero me ha interesado especialmente seguir la trayectoria de un candidato sin la plataforma pública tan importante que supone el Congreso - comentó Javier.
- ¿Y a qué conclusión has llegado? - preguntó Alberto.

- En mi modo de entender las ventas y la política, Pedro Sánchez posee varias cualidades que lo hacen un buen comercial. Una de ellas es que ha sabido construir un personaje atractivo para el público - razonó Javier.

- Ahí tengo que darte la razón - remarcó Alberto.

- Antes de ser un posible candidato a liderar el PSOE, contaba con una legión de seguidores en Twitter, una red social que ha utilizado en su favor con maestría durante el último proceso de elección interna de secretario general en el PSOE - afirmó Javier. Sabe de lo que habla porque tiene amistad con personas de uno y otro bando del PSOE.

- ¿Te refieres al duelo con Susana Díaz? - preguntó Alberto, sabiendo de antemano la respuesta.

- Sí. Venció de manera indiscutible en porcentaje de votos, pero el camino de ida y vuelta por el liderazgo del PSOE ha dejado un poso de tristeza y falta de entendimiento entre los que no lo tenían como candidato - remarcó Javier.

- Y esto no le ayuda en absoluto a su carrera por el Gobierno - sentenció Alberto.

- En absoluto.

- En mi opinión, Pedro Sánchez no ha sabido vender porque no asumió los intereses de su gente, que les pedía un cambio de gobierno para derrocar a la derecha - señaló Alberto.

- Bueno, no se dieron las condiciones - reconoció Javier.

- Sus detractores le achacan que podría haber buscado más este acuerdo para el cambio de Gobierno - insistió Alberto.

- Lo intentó, pero las exigencias de Podemos eran demoledoras para su prevalencia como líder de la izquierda en España - dijo Javier.

- La diferencia es que Rajoy se veía ganador y Sánchez sabía que tenía mucho más que perder - destacó Alberto.

- Es posible que Pedro Sánchez optó por mantener, en vez de arriesgar - reconoció Javier.

- En este punto, desde un punto de vista comercial, se equivocó - enfatizó Alberto.
- De todas formas, la reelección como líder del partido le ha dado mucha fuerza - recordó Javier.
- Sí, pero tiene que ponerse manos a la obra si no quieres que los problemas internos de su partido le sigan pasando factura y continúe perdiendo votos en las encuestas.
- Bueno, no hay que fiarlo todo a las encuestas.
- Sobre todo, si te dan malos resultados - comentó sonriente Alberto.
- De todas formas, un sabio dijo algo parecido a que el fracaso es el camino hacia la victoria... O algo así, ¿no? - recordó Javier a la vez que se dibujaba una sonrisa en su cara.
- Jejeje. Sí, algo así - respondió Alberto de manera alegre.
- Bueno, ¿y qué me dices de la 'T', de tenaz? - preguntó Javier, deseoso de conocer las opiniones de su amigo.

T, de tenacidad

Alberto y Javier degustan su plato mientras reflexionan sobre las cualidades de un comercial tenaz de éxito. Ambos lo consideran algo imprescindible para realizar cualquier trabajo del sector de las ventas.

- ¡La tenacidad comercial! - exclamó Alberto.
- ¿Cómo la describirías? - preguntó Javier.
- Yo concibo la tenacidad comercial como la capacidad para no desfallecer ante las adversidades durante el proceso de venta de un producto o servicio - afirmó Alberto.
- Ni a los contratiempos del día a día - apostilló Javier.
- En un sector tan competitivo como el nuestro, es obligatorio aprender a gestionar las negativas de tus clientes potenciales - enfatizó Alberto.
- ¡Efectivamente! Debes mantener el aliento competitivo - apuntó Javier.
- Si quieres vender, no importan los "no" que recibas. Debes rehacerte de las negativas y buscar con todas tus fuerzas el "sí" final de tu cliente - remarcó Alberto.
- Hay que aprender a interpretar cuando un "no" significa "no" y, sobre todo, cuando puedes cambiar un "no" por un sí - destacó Javier.
- En definitiva, economizar esfuerzos y ser un mejor vendedor - puntualizó Alberto
- Un comercial de éxito tenaz analiza el "no" de tu cliente y sabe decidir si es un muro infranqueable o una barrera que puede rodearse con una estrategia de ventas hábil - destacó Javier.
- Un 'no' no significa necesariamente un 'no' - recordó Alberto.

- Tienes que descubrir si realmente existen opciones de venta y no detenerte ante una negativa - enfatizó Javier
- La negativa del cliente no es motivo para abandonar - incidió Alberto.
- Nuestro reto diario es convertir un 'no' en un 'sí'
- Si. El objetivo siempre es transformar esta negativa en una respuesta afirmativa.

Javier y Alberto comentan la suerte que han tenido al encontrarse de manera casual en el restaurante. Revisan sus agendas para quedar otro día junto a sus familias, antes de volver a retomar el tema central de la conversación.

- Yo relaciono en gran medida la tenacidad con la persistencia comercial, aunque no debemos confundir estas cualidad con algo tan negativo como agotar la paciencia de un cliente potencial - comentó Alberto.
- Nunca puedes perder el tiempo - apostilló Javier.
- Ni el tuyo, ni el de tu cliente
- La gestión del tiempo... ¡Qué importante es! - recordó Javier
- Cuánta razón llevas. La persistencia es una actitud necesaria para vender, pero valorando siempre los esfuerzos realizados - espetó Alberto.
- La persistencia, en términos de aptitudes comerciales, es la firmeza y constancia en la manera de ser o de obrar en una situación profesional complicada - resumió Javier.
- Nunca puedes abandonar, y aún menos cuando estás a punto de cerrar una venta, afirmó Alberto.
- ¡Por supuesto! Un comercial tenaz de éxito insiste hasta que encuentra la respuesta deseada - remarcó Javier.
- La tenacidad puede llegar a salvar una venta que está prácticamente perdida - sentenció Alberto.
- No hay que infravalorar su importancia lograr una venta - finalizó Javier.

Alberto habla con conocimiento sobre la persistencia y la tenacidad. Hace unos años estuvo varios meses negociando con un cliente una importante operación comercial. Tuvo que viajar cinco veces hasta Malasia en un plazo de tres meses, pero el esfuerzo mereció la pena.

- Al igual que en las ventas, la tenacidad es un valor fundamental en la política - destacó Alberto.
- Cuándo los políticos reciben un 'no', ¿saben reaccionar positivamente? - preguntó Javier.
- Es su obligación - respondió tajante Alberto.
- Si hablamos sobre la tenacidad comercial de nuestros candidatos, ¿quién gestiona mejor las negativas de sus clientes potenciales, los electores?
- Comienza tú, Javier. Te escucho.
- Bueno, en mi opinión, quiero destacar la actitud comercial tenaz de Pedro Sánchez. Ha sido intachable, ha encajado todos los golpes y ha logrado su primer objetivo - destacó Javier.
- ¿Liderar de nuevo el PSOE? - cuestionó Alberto
- Efectivamente.
- ¿Y qué más objetivos tiene? - volvió a preguntar Alberto.
- Pues ahora, a por el segundo y principal objetivo de un partido que lidera la oposición - aseveró Javier.
- ¿Gobernar el país? - preguntó Alberto.
- Claro, debe ser su principal objetivo - enfatizó Javier.
- En teoría, así debería ser - puntualizó Alberto.
- En mi opinión, Pedro Sánchez está inmerso en una lucha diaria por reagrupar las fuerzas internas de su partido.
- Sería la mejor actitud comercial - destacó Alberto.
- Después, podrá afrontar las elecciones con unas mínimas garantías de éxito - comentó Javier.
- Nunca es fácil la gestión de los pesos autonómicos en el PSOE - sentenció Alberto.
- La gestión de los personalismos es complicada en todos los partidos - apuntilló Javier.

- Cuando llevas razón, llevas razón - dijo sonriente Alberto.
- Jejeje. Sí - respondió Javier alegremente.
- ¡Qué importante la gestión de los equipos! - enfatizó Alberto.
- Es fundamental para lograr los objetivos comerciales - remarcó Javier.
- Respecto a Sánchez, ahora le toca afianzarse definitivamente en el liderazgo del PSOE - comentó Javier.
- Tendrá que aplicar mucha tenacidad - remarcó Alberto.
- Y mucha mano izquierda, nunca mejor dicho.
- Jejeje... Sí, es imprescindible para aumentar sus opciones de éxito en la venta final del producto - sentenció Alberto.
- Y también para captar a los votantes que lleguen a la campaña electoral sin una opción definida de voto - finalizó Javier.

Javier vuelve a tomar la palabra para continuar opinando sobre la tenacidad comercial, en este caso de Pablo Iglesias.

- En mi opinión, Pablo Iglesias ha rentabilizado su tenacidad comercial.
- No sé, Javier. Para mí, comenzó con una expectativas muy altas y no aprovechó ese boom con una victoria incontestable - remarcó Alberto.
- Bueno, gobiernan en las dos ciudades más importantes de España - recordó Javier.
- Sí, pero sin las siglas del partido nacional - apostilló Alberto.
- No querían quemar la marca Podemos a la primera de cambio, y en mi opinión, el comienzo del proyecto político no les salió del todo mal - justificó Javier.
- Algo harían bien cuando recibieron la confianza de millones de clientes - reconoció Alberto.
- Sí, ya sabes que siempre lleva la razón, jeje.
- Sí, toda la razón, jeje.
- Es cierto que tienen que definir nuevas estrategias para las siguientes elecciones municipales en muchas ciudades y, de cara a las generales - sentenció Javier.

- Definitivamente, necesitan un elemento reactivo si quieren aspirar a ser decisivos en las próximas elecciones - destacó Alberto.
- Tienen que volver a conectar con su público potencial - finalizó Javier.

Javier sabe que no va a convencer a Alberto de las bondades de Podemos pero, al menos, se contenta al haber conseguido sacarle alguna opinión positiva sobre el partido político liderado por Pablo Iglesias.

- Bueno, ya que has repasado la tenacidad comercial de Sánchez e Iglesias, déjame que te de mi opinión sobre el comercial más tenaz que conozco en la política - afirmó Alberto.
- ¿A quién te refieres? ¿A Mariano Rajoy? - preguntó Javier con cierto retintín.
- Por supuesto - contestó Alberto sin atisbo de duda.
- No esperaba otra respuesta - señaló irónicamente Javier.
- Es una de sus principales actitudes comerciales - prosiguió Alberto.
- Sí, aunque a veces puede confundirse con obstinación - apuntó Javier.
- Bueno, es tu opinión. Pero tus actos no pueden contentar a todos - señaló Alberto.
- Ahí llevas razón.
- Rajoy tiene muy interiorizadas las directrices de venta de su producto y plantea una defensa estoica de sus ideas y actos políticos, a pesar de todas las críticas que pueda recibir, y le pese a quién le pese - sentenció Alberto.
- Es cierto que alguna vez le ha caído un rapapolvo por nada, pero otras veces se lo busca por exceso de tenacidad - aseveró Javier.
- Te repito que respeto tu opinión, pero para mí es el candidato que mejor encaja el "no" de una parte de sus clientes potenciales - aseguró Alberto.

- Es buen encajador de golpes. Eso es irrefutable - comentó Javier.
- Se rehace de la caída en las encuestas y, aunque parece que a algunos se le ha olvidado, sigue siendo el partido más votado - destacó Alberto.
- Por ahora, sí, aunque la sombra de Ciudadanos es cada vez más alargada en el Partido Popular - apuntó Javier.
- Sí, Mariano Rajoy debe cuidarse las espaldas con Albert Rivera, por supuesto en sentido figurado - aseguró Alberto.
- Es su máximo rival comercial.
- Ambos pretenden captar a un público objetivo muy similar - destacó Alberto.
- Sí, y eso se nota en que Rivera, en cierto sentido, ha copiado algunas formas de hacer política - apostilló Javier.
- Es posible.
- Rivera ha cogido la rueda de Rajoy y ahora intenta adelantarlo - finalizó Javier.
- Normal, su trabajo debe ser adelantar a todos los rivales
- Y triunfar en las próximas elecciones generales - apuntó Javier.
- Todos lo quieren, pero solo uno de ellos lo logrará - finalizó Alberto.

I, de implicado

El camarero retira el primer plato, que ha gustado tanto a Javier como Alberto, y comentan la buena atención al cliente del restaurante. Ambos revisan que nadie les ha llamado por teléfono, lo que les sorprende positivamente para disfrutar aún más de la conversación.

- ¿Y qué me dices de la I, de implicado? - preguntó Javier.
- La 'I', de implicado, -repitió Alberto lentamente antes de contestar.
- Otra de las actitudes comerciales fundamentales para nuestros equipos de ventas - señaló Javier.
- Y para nuestros políticos - sentenció Alberto.
- Tengo una pregunta para ti, Javier.
- ¡Suéltala!
- Cuando hay un problema en tu empresa, ¿quién esperas que dé la cara? - preguntó Javier.
- El jefe - contestó Alberto.
- Y, en tu opinión, ¿han interiorizado esta norma empresarial nuestros cuatro candidatos?
- Buena pregunta, Javier.
- Es decir, ¿se implican los candidatos hasta alcanzar los objetivos de venta?
- ¿Y tú qué opinas?
- Vaya. ¿Me devuelves la pregunta sin contestarme? Pareces un político, Jejeje - respondió Javier.
- Jejeje. Sí.
- Yo no creo que ninguno cumpla por completo con esta premisa básica en el mundo de las ventas - destacó Javier.
- Es posible, aunque todo es opinable.

- Por supuesto. El grado de implicación de nuestros candidatos está muy influenciado por factores desestabilizadores durante el proceso de venta que, en ocasiones, les obligan a cambiar de estrategia en el último momento - matizó Javier.
- Sí. Deben adaptarse a las circunstancias, a veces en cuestión de minutos, y siempre bajo la presión pública de sus clientes potenciales - remachó Alberto.
- Aceptar una visibilidad de tu actividad profesional tan elevada requiere de una gran tenacidad por parte de los cuatro candidatos.
- Ahí llevas toda la razón, Javier.

Javier comienza a relatar a Alberto la historia de cómo su segundo de su trabajo llegó a su puesto, aprovechando una oportunidad que tuvo y desarrollando una gran implicación comercial.

- Un líder comercial con la 'i' de implicado también debe implicar a su equipo de ventas - destacó Javier.
- Es muy importante.
- Un gerente o un director comercial tiene que hacer frente a una ingente cantidad de tareas a diario - detalló Javier.
- Necesita contar con un equipo de trabajo de confianza que le permita concentrarse en el liderazgo de un equipo de ventas - remachó Alberto.
- En mi trabajo, tengo claro que no cumpliría con mis objetivos comerciales si no tuviera un equipo implicado - detalló Javier.
- Por supuesto.
- Aunque yo tenga la responsabilidad de liderar al equipo de ventas - señaló Javier.
- Opino exactamente igual que tú - apostilló Alberto.
- Por eso ha sido tan importante la buena integración de mi nuevo segundo en el Departamento - destacó Javier.
- ¿No sigue trabajando Arancha con vosotros? - preguntó Alberto, que la conocía desde hace años.

- No, se fue hace dos meses de la empresa por motivos personales y de manera provisional cubrió la vacante su ayudante, Laura, al mismo tiempo que pusimos en marcha un proceso de selección para cubrir esta baja - afirmó Javier.
- No sabía nada - comentó Alberto, aún extrañado por la noticia.
- Laura lleva lleva años trabajando con nosotros y pensamos que era una buena opción temporal, a pesar de que tenía algunas dudas iniciales - destacó Javier.
- Sí.
- El caso es que no encontrábamos a la persona adecuada, hasta que nos dimos cuenta que lo teníamos delante - señaló Javier.
- ¿Quién? - cuestionó Alberto.
- Laura.
- ¡Vaya! - exclamó sorprendido Alberto.
- A pesar de su falta de conocimientos en ciertos aspectos técnicos para su puesto, Laura se ha formado rápida y acertadamente durante las primeras semanas y se ha hecho definitivamente con el puesto.
- ¿Y qué habéis hecho finalmente con el proceso de selección? - preguntó Alberto.
- Es curioso que preguntes, porque ahora lo vamos a utilizar para elegir a la ayudante de Laura, y ella está participando activamente en el proceso de selección - comentó Javier.
- ¡Que vueltas da la vida! - enfatizó Alberto.
- Muchas, pero tienes que aprovechar las oportunidades - señaló Javier.
- Si las dejas pasar, te arrepentirás - remarcó Alberto.
- La implicación comercial de Laura es absoluta. Y eso le ha diferencia de su competencia - destacó Javier.
- Me alegro por ella, y también por tí.
- Además, con este ascenso hemos reforzado su credibilidad frente a los compañeros. Se siente más valorada por la empresa, lo que repercute positivamente en su trabajo, que hace cada vez mejor - apuntó Javier.

- Encontrar a un segundo en el que puedas delegar no es cuestión de suerte - prosiguió Alberto.
- Hay que esforzarse por dar con el perfil requerido para unas determinadas responsabilidades.
- Y cuando lo tienes, confiar que se adapte bien a su entorno laboral y sea capaz de rendir al máximo nivel - señaló Alberto.
- Fíjate en mí. Yo lo tenía delante y tardé un tiempo en darme cuenta - remató Javier.
- Un buen gestor de recursos humanos es capaz de implicar a su equipo de trabajo, especialmente a aquellos con mayores responsabilidades - puntualizó Alberto.
- Por supuesto.

Alberto y Javier han pasado por todos los puestos de responsabilidad de un equipo comercial, lo que les ayuda a tener una opinión más global sobre el sector de las ventas.

- Un empresario delega para lograr los objetivos comerciales y de negocio previstos - comentó Javier.
- Sí, claro.
- ¿Por qué hace esto? - preguntó Javier.
- Para ganar dinero - respondió directamente Alberto.
- ¿Y en el caso de nuestros candidatos? - volvió a preguntar Javier.
- Para ganar las elecciones - aseveró Alberto.
- Los políticos, como los comerciales, deben cuidar mucho su imagen - señaló Javier.
- Repercute en su credibilidad como vendedores - apuntó Alberto
- Ahí tienen mucho camino que recorrer.
- Algunos más que otros.
- Sí, aunque no creo que los estemos pensando en los mismos candidatos - comentó Javier.
- Bueno, cada uno cojea del pie que cojea, jeje - afirmó con sorna Alberto.
- Jeje. En eso nunca vamos a ponernos de acuerdo.

- ¡Completamente de acuerdo! - remachó Alberto.
- Alberto, ¿qué opinas sobre la actitud de implicación de Rajoy?
- Para mí, Rajoy tiene una indudable implicación.
- Te lo compro - comentó Javier, dando por bueno el razonamiento de Alberto.
- Es el político con más años de experiencia y el que más cargos de responsabilidad ha ocupado - destacó Alberto.

Javier sabe que Alberto ha votado al PP las últimas elecciones. Le gustaría saber si está pensando en cambiar su elección por Ciudadanos, pero ambos se respetan mucho como para hacerse estas preguntas tan personales.

- Antes hemos destacado el dar la cara como una actitud comercial de implicación - comentó Javier.
- Sí. ¿Por?
- En mi modesta opinión, Rajoy no da la cara en muchas ocasiones que debería si no quiere perder a una cuota de mercado que está planteándose otras opciones de compra - enfatizó Javier.
- Es posible, pero a veces no hay tiempo para dar las explicaciones - excusó Alberto.
- Ya, pero la falta de tiempo no me vale como excusa - rebatió Javier
- En la política surgen muchos elementos inesperados de última hora.
- Como en las ventas, siempre puedes hacer una previsión de necesidades comerciales y, en función de los recursos humanos disponibles, diseñar varias líneas de actuación - señaló Javier.
- Hay que tener siempre las espaldas cubiertas - refrendó Alberto.
- Y creo que Rajoy de esta dificultad para delegar responsabilidades - sentenció Javier.
- Tiene las ideas muy claras y no las cambiará por otras, eso es seguro - apuntó Alberto.

- Sí, pero debemos confundir la implicación con tozudez comercial - reflexionó Javier.
- Son actitudes comerciales antagónicas. Pero aquí vuelvo a estar en desacuerdo contigo. Creo que eres tú el que confundes tozudez con defender a toda costa de tus ideas - remarcó Alberto.
- No sé Alberto, entiendo tu posición pero no lo veo igual que tú - señaló Javier.
- ¡No le pasas una a Rajoy! - exclamó Alberto.
- Ya sabes. Un espíritu crítico siempre es positivo - contestó Javier con un aire jovial.
- ¿Y qué te parece la implicación comercial de Albert Rivera? - preguntó Alberto.
- Ha sido fundamental para establecerse como una opción política cada vez más creíble - destacó Javier.
- Estoy de acuerdo contigo. Rivera se ha implicado mucho con el proyecto de Ciudadanos. Ha llevado una estrategia inicial basada en la fuerza y atracción de su personaje y, a base de mucha implicación, está consolidando los cimientos de una empresa mayor - detalló Alberto.
- ¿El Gobierno? - preguntó Javier.
- Efectivamente. Igual que tú me comentabas antes sobre Sánchez, éste también debe ser el objetivo de Rivera - remarcó Alberto.
- Sí. En realidad, el de todos los candidatos.
- ¡Claro! Si no… ¿qué hacen metidos en este lío?

Los dos amigos saben que hay temas sobre política que opinan de manera diferente, pero nunca han tenido un problema por ello. De hecho, les sorprende que haya personas en su entorno familiar y profesional que discutan sobre este tema en un tono muy agresivo.

- Bueno, ya hemos hablado de la implicación comercial de Rajoy y Rivera.
- Sí.

- ¿Y qué opinas de los candidatos de la izquierda?
- Yo considero que Pablo Iglesias tiene el gen de vendedor.
- ¿El gen de vendedor?
- Sí. Sabe perseguir los objetivos comerciales hasta lograrlos, y si recibe un no rotundo, es capaz de plantear nuevas estrategias.
- Es tu opinión, aunque yo no lo veo así - refutó Alberto.
- Ya. Con Iglesias no nos ponemos de acuerdo. Pero considero que está demostrando un alto grado de implicación comercial.
- A pesar de la ingente cantidad de críticas que recibe.
- Bueno, en realidad todos los políticos están expuesto a las críticas mordaces de su público objetivo - explicó Javier.
- Sí, lo que le achaco a Iglesias es que ha lanzado ideas utópicas dentro de su programa de ventas, a pesar de que sabe de la imposibilidad de llevar a cabo algunas de sus propuestas comerciales - detalló Alberto.
- Está jugando sus cartas.
- Todos juegan las suyas, faltaría más.
- Sí. También Pedro Sánchez, que ha demostrado una gran implicación comercial durante todo el proceso de ida y vuelta al liderazgo del PSOE - comentó Javier.
- Es cierto. Emprendió un camino difícil y no tropezó hasta encontrar la salida - respondió Alberto.
- Sí, le salió bien, pero ahora está en otra etapa, la de recuperar clientes potenciales que han dejado de confiar en su propuesta.
- Llevas razón, Javier. Pero, ¿tiene alguna estrategia en marcha o prevista? Porque yo no veo ninguna bien definida.
- Yo creo que sí, aunque necesita invertir el tiempo hasta las próximas elecciones en formar un equipo comercial acorde a los objetivos de ventas.
- El tiempo, ¡que importante es! - destacó

T, DE TORERO

Javier y Alberto hacen una parada en la conversación mientras el camarero les sirve el segundo plato del menú ejecutivo que han pedido. Alberto tiene cada vez más dudas sobre el tema de la reseña negativa recibida por el restaurante que publicó un posible empleado suyo. "¿Por qué diría lo que dijo?", se preguntaba cada vez con más insistencia. "Tengo que averiguarlo antes de irme", pensó, antes de lanzarse a debatir sobre la siguiente actitud comercial.

- Ya que nos estamos sincerando, a mí una de las cualidades comerciales que más valoro en mi equipo de trabajo es esa actitud torera para capear los problemas y continuar hacia adelante, pase lo que pase - comentó Alberto.
- Es verdad. La 'T', de torero - respondió Javier.
- ¿Y cómo definirías una actitud comercial torera que te lleve al éxito? - preguntó Alberto.
- Puede que no sea la actitud comercial más importante, pero tener mano izquierda para tratar cualquier situación comercial desde una perspectiva positiva es muy importante - respondió Javier.
- Sí, tienes que afrontar de cara lo que te llegue.
- Y arriesgarte en busca de la mejor propuesta para tu cliente.
- ¡Esa es la actitud! - exclamó Javier.
- Sí. Y junto a la necesaria pasión por el mundo de las ventas genera un perfil muy interesante para multitud de tareas comerciales - detalló Alberto.
- Por ejemplo, te ayuda a esquivar las objeciones de tus clientes - señaló Javier.
- Sí, y todas las adversidades que puedan aparecer durante el proceso de venta de cualquier producto o servicio.

- Todos hemos tenido que tratar muchas veces con clientes que estaban más pendientes del precio que de la propuesta comercial en sí - comentó Javier.
- Por supuesto. Hay que saber llevarles a tu terreno - reafirmó Alberto.
- Efectivamente.
- Un comercial torero le dirá al cliente "Del precio ya hablaremos más adelante", mientras continúa explicándole la propuesta comercial y examina por donde puede saltar este obstáculo hasta lograr la venta final - resumió Alberto.
- Apartan los problemas y encaran los objetivos de frente.
- Pero debes tener cuidado. También es una actitud difícil de gestionar.
- Sí. Puedes pasarte de la raya - remarcó Javier.
- Y dejar de ser creíble a ojos de tu cliente potencial - aseveró Alberto.
- Como el resto de actitudes comerciales para triunfar, tienes que ponerlas en práctica cuando estés seguro de su idoneidad - remarcó Javier.
- Tienes que torear el 'no' del cliente para convertirlo en un 'sí' - apuntó Alberto.
- En las ventas, como en la política, hay que adaptarse rápidamente a cambios de último momento - comparó Javier.
- Y buscar la empatía del cliente - enfatizó Alberto.
- Sí, es fundamental.
- Cualquier propuesta comercial será mejor recibida por tu cliente si has cimentado una relación de confianza mutua - determinó Alberto.
- Así serán mucho más efectivas las estrategias comerciales conjuntas para lograr los objetivos previamente definidos - determinó Javier.
- Sí. Y no debemos olvidar lo básico: Escuchar con máxima atención al cliente - recordó Alberto.
- Siempre es una buena señal - reafirmó Javier.

- El cliente siempre conocerá mejor que tú su producto o servicio, así como los objetivos comerciales y los recursos humanos y económicos disponibles para desarrollar una estrategia de ventas - razonó Alberto.
- ¡Hay que estar preparado para la venta! - exclamó Javier.
- ¡Siempre! - exclamó también Alberto.

Alberto conoce en primera persona la importancia de estar preparado para la venta. Recuerda aquella venta en pleno agosto, en el chiringuito de Tarifa que había junto a su apartamento en el que estuvo de vacaciones. ¿Quién iba a pensar que ese hombre con camisa hawaiana comandaba la fuerza de ventas de una gran multinacional? Alberto sí lo detectó, comenzaron a hablar el primer día y después de una semana compartiendo raciones de pescado y cervezas, se citaron a la vuelta de vacaciones y ahora es uno de sus mejores clientes.

- Javier, en tu opinión, ¿cuáles son las actitudes comerciales toreras de nuestros cuatro candidatos?
- Bueno, la principal o, al menos, la que más me llama la atención es esa habilidad innata de algunos políticos para sortear las objeciones, tanto las críticas de sus competencia como las negativas de sus clientes potenciales - contestó Javier.
- Sí, eso es innegable.
- En mi opinión, todos los candidatos abusan en momentos puntuales de su actitud torera - remarcó Javier.
- ¿A qué te refieres? - cuestionó Alberto.
- Creo que prometen más de lo que pueden realmente lograr - explicó Javier.
- Bueno, lo ideal es aspirar siempre al máximo - respondió Alberto.
- En las ventas no hay espacio para la utopía y, en mi opinión, en la política tampoco debería haberlo - matizó Javier.
- A veces, podemos confundir deseos con objetivos de venta - razonó Alberto.
- Una máxima que aplico a rajatabla en mi relación profesional con los clientes, tanto los actuales como los potenciales, es

"Puede que no te guste lo que te digo, pero no te puedo engañar" - destacó Javier.
- Un buen lema de trabajo.
- Sí. La honestidad te ahorra problemas.

Javier siempre ha estado muy interesado por la situación política nacional. Desde pequeño le encantaba leer periódicos, especialmente las noticias sobre política, a una edad tan joven en la que aún no entendía muy bien qué significaba ser de "derechas" o de "izquierdas".

- Para mí, Mariano Rajoy ejemplifica a la perfección la actitud comercial torera - reflexionó Alberto.
- Sobre todo en el Congreso de los Diputados - apuntó Javier.
- Sí, sus debates tienen una máxima repercusión en su público objetivo.
- Es una caja de resonancia - detalló Javier.
- Es normal que apueste por este lugar para desarrollar una parte importante de su estrategia de ventas - destacó Alberto
- Mira Alberto, te reconozco su actitud torera en el Congreso.. Es muy bueno. - señaló Javier.
- Su ironía le ayuda - apuntó Alberto.
- Pero,... ¿de verdad crees que lo que está haciendo ahora le ayudará a ganar las elecciones? - preguntó Javier.
- ¿Y qué está haciendo ahora, en tu opinión? - devolvió la pregunta Alberto.
- Adoptar un perfil bajo que, para mí, no le ayuda en absoluto a la venta de su producto - respondió Javier.
- ¿Puedes ponerme un ejemplo de este perfil bajo que me comentas?
- Por ejemplo, su relación distante con los medios de comunicación - detalló Javier.
- No sé Javier. Yo no lo veo así. Yo creo que elige su presencia en los medios - matizó Alberto.

- De una u otra forma, la relación con los medios de comunicación implica estar expuesto a preguntas incómodas. Y eso no termina de gustarle a Rajoy - apuntó Javier.
- Es cierto que los candidatos invierten mucho tiempo y gran parte de sus aptitudes toreras en la relación con los medios - apuntó Alberto.
- Como cuando le preguntaron en una entrevista hace poco sobre la desigualdad y la brecha salarial entre hombres y mujeres en España - recordó Javier.
- ¿Lo del "No nos metamos en eso"? - preguntó Alberto.
- Sí. Esa entrevista. Y no creo que sea la mejor respuesta. De hecho, se hizo un flaco favor para vender su producto ante un público objetivo muy grande - detalló Javier.
- Bueno, toreó la situación cómo pudo, llevándola a una posición favorable a su opinión - razonó Alberto.
- Sí, al menos tuvo la habilidad de continuar la entrevista dándole la vuelta a la pregunta y respondiendo que su Gobierno está en contra de fijar los salarios de las empresas - destacó Javier.
- Una tesis mayoritaria entre su público objetivo.
- Sí, seguramente. Aunque no fue lo que le preguntaron - rebatió Javier.
- Tiene mucha experiencia para contrarrestar opiniones negativas - aseveró Alberto.
- Aunque, esta ocasión, no tuvo mucho éxito - remató Javier.

La última reflexión de Javier hace que Alberto recuerde un concepto que descubrió hace unos días y quiere compartirlo con Javier.

- Rajoy está en estado de ataraxia - soltó Alberto sin previo aviso.
- ¿Ataraxia? - preguntó rápidamente Javier.
- Sí, define un estado "sereno e imperturbable".
- No conocía esta palabra. Me la apunto - comentó Javier.
- Así calificaba a Mariano Rajoy un miembro de su ejecutiva nacional a la salida de una reunión - destacó Alberto.

- Vaya.
- Por cierto, yo tampoco conocía bien esta palabra. Me llamó la atención cuando escuché la noticia una mañana en el coche y luego lo busqué en la RAE - señaló Alberto.
- Está claro que uno no puede saber de todo - razonó Javier.
- ¡Ojalá pudiéramos! - exclamó Alberto.
- Lo que no me ha quedado claro es si este estado de ataraxia es positivo o negativo - cuestionó Javier.
- Para mí es algo positivo, porque lucha a diario contra las críticas, algunas muy duras, y ahí sigue, con una actitud comercial decidida y afirmando que no le inquietan las encuestas, a pesar de que en sus filas crece y crece la preocupación por el ascenso de Ciudadanos.
- Cierto.
- Entonces... ¿me reconoces que el más torero de los cuatro es Rajoy? - preguntó Alberto.
- Sí, Alberto. No me queda otra que darte la razón - dijo Javier en tono irónico.
- ¡Por fin algo sobre política en lo que estamos de acuerdo! - destacó Alberto.
- Sí, pero no te acostumbres, jeje - apuntó con sorna Javier.
- Jeje. No te preocupes. No lo haré.
- ¿Y qué debe torear Albert Rivera? - preguntó Javier.
- Los detractores de Rivera le acusan de haber desarrollado una estrategia de ventas opuesta a su competencia, sin ideas propias, sino las contrarias a su principal rival.
- ¿Te refieres a Rajoy? - preguntó Javier.
- Sí, aunque no opino igual.
- ¿En qué sentido? - volvió a preguntar Javier.
- Para mí, Rivera sí dispone de un ideario de ventas propio, aunque debe contrarrestar la juventud de su formación política, que aún está en proceso de asentamiento en todo el país - remarcó Alberto.

- Albert Rivera tiene una gran oportunidad en las próximas elecciones. Eso es indudable - razonó Javier.
- Sí, se juega mucho en las urnas, al igual que Pablo Iglesias - apuntó Alberto.
- Completamente de acuerdo. Lideran las dos propuestas políticas más novedosas y han de demostrar el acierto de su estrategia comercial frente a otras más asentadas en el tiempo - remarcó Javier.

Alberto y Javier compartieron muchas tardes durante el instituto preparando trabajos para clase, ya que vivían muy cerca. Javier sonríe al recordar que hoy están debatiendo sus ideas igual que lo hacían esos años.

- ¿Y tú cómo consideras las actitudes comerciales toreras de Pablo Iglesias? - preguntó Alberto.
- Bueno, a pesar de su juventud, sus años de profesor universitario y presentador de televisión le han dado muchas tablas para esquivar los problemas - respondió Javier.
- Es posible - apuntó Alberto.
- Estoy convencido que Iglesias sabía que iba a recibir muchas críticas, tanto de la izquierda como de la derecha, pero lo que no sé es si esperaba recibir fuego amigo - destacó Javier.
- ¿A qué te refieres con lo de fuego amigo? - preguntó Alberto.
- Pues a que Podemos, a pesar de los pocos años de funcionamiento, ya ha sufrido varias crisis, tanto internas o con los partidos junto a los que se presentó en las anteriores elecciones - destacó Javier.
- Las famosas confluencias - detalló Alberto.
- Me gusta este concepto - reflexionó Javier.
- A mí también aunque como todo en esta vida, será más o menos útil según lo utilices - apuntó Alberto.
- Totalmente de acuerdo.

- Y, ya que estamos, creo que también Pedro Sánchez debe adaptar su discurso para contentar a las distintas familias políticas del PSOE - señaló Alberto.
- A Pedro Sánchez no le gusta nada el término "pedristas", pero tiene que sumar fuerzas, aunque sea alrededor de esta etiqueta - razonó Javier.
- Sin la fuerza de ventas de su partido, no tiene opciones reales de triunfar.
- Sinceramente Alberto, hay aspectos de la política que nunca entenderé.
- ¿Cómo cuáles?
- Por ejemplo, creo que no se dan cuenta de la valoración tan negativa que sus clientes potenciales, los electores, hacemos de las disputas internas por el poder en una organización, ya sea una empresa, una asociación o un partido político - razonó Javier.
- ¿Te imaginas esta situación en nuestras empresas? - preguntó Alberto.
- Imposible - respondió tajante Javier.
- Hubiéramos intervenido a la primera señal para contrarrestar el efectivo negativo y no restar credibilidad al proceso de venta - detalló Alberto, muy seguro de sus palabras.
- Por eso nos dedicamos a las ventas y no a la política, jeje - señaló Alberto.
- Jeje. Sí, mucho mejor las ventas - apostilló Javier, también sonriente.
- Hay que poner el alma en el ruedo - comentó Alberto.
- Eso es de una canción que ya tiene sus años - recordó Javier.
- Sí. Como nosotros - apuntó Alberto, con una gran carcajada compartida con Javier.

U, DE ÚNICO

El teléfono de Alberto suena e interrumpe la conversación un par de minutos, tiempo que utiliza Javier para confirmar que la cita con su cliente no se ha vuelto a retrasar.

- Perdona Javier. Era mi hijo, para ver si puedo acercarle al cine con sus amigos el sábado por la tarde.
- No te preocupes Alberto. La familia es lo primero.
- Parece que fue ayer cuando nació y ya tiene siete años - reflexionó Alberto.
- No paran de crecer - resumió Javier.
- He tenido mucha suerte con él y es muy inteligente.
- Ha salido a su padre, jeje
- Jeje. No sé si a su padre o a su madre, pero estamos muy contentos. ¡Es único!.
- ¿No será amor de padre? - preguntó entre risas Javier.
- Es posible - respondió sonriente Alberto.
- Oye, ya que comentas que tu hijo es único. Esta es la siguiente actitud comercial
- Sí. La 'U', de Único.
- En tu opinión, ¿qué hace único a un comercial de éxito? - preguntó Javier.
- Lo que te hace único como comercial es gestionar mejor tu marca personal con el objetivo de lograr más clientes - razonó Alberto.
- O más votos, según a lo que te dediques - apuntó Javier.
- Efectivamente.
- Además, para nuestros cuatro candidatos tiene especial importancia debido a su constantes apariciones en prensa y

televisión, que les obligan a proyectar un personaje público sólido y sin fisuras - destacó Javier.

- En definitiva, que salga indemne de cualquier crítica - remarcó Alberto.
- Otra cualidad que debe explotar es un comercial que quiere diferenciarse del resto es su capacidad para analizar el momento de la venta, tanto sus ventajas como sus debilidades - comentó Javier.
- Sí. Interpretar la situación a tu favor.
- Debe ser capaz de anticiparse a las necesidades de su cliente.
- Y estar atento a posible cambios en sus intereses y objetivos comerciales - señaló Alberto.
- Las capacidades de análisis y adaptación, que importantes son - dijo Javier.
- Nunca debemos perder de vista que el cliente es el eje central de nuestro trabajo comercial - apuntó Alberto.
- Sí, hay que facilitarles respuestas sencillas ante preguntas complejas - resumió Alberto.
- Es el camino correcto para convertirte en un comercial de éxito con una marca personal clara y bien definida. Una marca personal única - apostilló Alberto.

Javier lleva unos minutos pensando en Marcos, uno de sus empleados que ha destacado recientemente por una actitud comercial. Está deseando contárselo a Alberto.

- ¿Te acuerdas de Marcos, de mi equipo de ventas? Te lo presenté hace unas semanas en la última reunión de la intersectorial.
- Sí, claro. ¿Qué tal está? - preguntó Alberto.
- Muy bien. Me he acordado de él porque hemos descubierto que tiene cualidades para ser un comercial de éxito. ¡Este sí que es único! - destacó Javier.
- ¡Vaya!

- No lo sabíamos hasta que un día faltó un compañero del departamento y necesitábamos a una persona más en la reunión para atender la visita de un cliente potencial - comentó Javier.
- Toda una oportunidad para él - destacó Alberto.
- Sí. Antes de comenzar la reunión, una vez hechas las presentaciones, me comentó con mucho sigilo que veía a los clientes potenciales muy interesados, por lo que había observado en una rápida primera impresión.
- ¿Y qué pasó? - preguntó Alberto.
- Que acertó de pleno. Tuvimos una primera toma de contacto muy productiva y en el tercer encuentro firmamos con ellos - destacó Javier.
- Enhorabuena.
- Gracias. Ahora son uno de nuestros mejores clientes - remarcó Javier.
- ¿Conversaste con Marcos después de la reunión? - preguntó Alberto.
- No, tenía una cita justo después y no volvimos a vernos hasta una semana después, cuando devolvimos la visita a este cliente.
- ¿Os acompañó Marcos?
- Sí. Quería comprobar qué más podía aportarnos, así que le dije que nos acompañara a la reunión. Y vaya si puede - destacó Javier.
- Cuéntame, que me tienes en ascuas - dijo Alberto.
- Durante el camino, le pregunté si tenía algunas ideas en mente para comenzar la reunión con el cliente, y me sugirió varias preguntas con el objetivo de analizar las opciones reales de lograr la firma del acuerdo - señaló Javier.
- Interesante.
- Me señaló algunas cuestiones sobre lenguaje corporal que debía tener en cuenta para continuar la reunión en uno u otro sentido - destacó Javier
- ¡Qué importante es nuestra comunicación no verbal!

- Además, me sorprendió la seguridad y confianza en sus palabras - continuó Javier.
- Se ganó tu respeto.
- Y nos ayudó a finalizar con éxito la venta - apuntó Javier.
- ¿Y Marcos no había dado alguna pista en la oficina de esta actitud comercial? - preguntó Alberto.
- Es algo reservado, y lo habíamos confundido con timidez - respondió Javier.
- No hay que fiarlo todo a la primera impresión que nos causa una persona - señaló Alberto.
- Al salir de la reunión, indagué a fondo sobre sus preguntas, para entender mejor su estrategia de ventas, que solo puedo calificar de brillante - remarcó Javier.
- Tuvo que ser buena su estrategia, porque tú no regalas los halagos, y menos a tu equipo de ventas - destacó Alberto.
- Bueno, ya me conoces. Soy exigente porque así podemos lograr una mayor efectividad comercial, pero entiendo la necesidad de decirle al empleado "buen trabajo", siempre que se lo haya ganado.
- Y, por lo que me cuentas, Marcos lo hizo con creces.
- Sí, por eso le propuse dar un paso más y le planteé que fuera él quién introdujera la reunión en la que nuestro objetivo comercial era cerrar todos los detalles de la venta - destacó Javier.
- ¿Y cómo lo hizo? - preguntó Alberto.
- Mejor de lo que esperaba, y eso que ya tenía las expectativas muy altas. Se desenvolvió con mucha soltura y estableció unas directrices en la conversación que nos permitió acercar posturas rápidamente sobre los temas más espinosos que habían quedado en el aire en las citas anteriores.
- ¿Y este chico cuánto tiempo lleva trabajando con vosotros? - volvió a preguntar Alberto.

- Muy poco, menos de seis meses. Pero ha suplido su juventud y falta de experiencia en las ventas con sus cualidades comerciales únicas - destacó Javier.
- ¿Y has pensado en alguna promoción para Marcos? - indagó Alberto.
- Por ahora, no, pero le hemos propuesto que nos presente un plan para diseñar un nuevo equipo de Prospección Comercial. Si lo acepta Dirección, él sería su nuevo líder y estaría bajo mi responsabilidad - respondió Javier.
- Ahí podrá poner en práctica su actitud comercial para captar los intereses de los clientes potenciales - destacó Alberto.
- Una de sus nuevas tareas es realizar un análisis previo de los clientes potenciales y diseñar una estrategia de apertura en las primeras reuniones - señaló Javier.
- Has sabido intuir que Marcos tenía una cualidad comercial única - realzó Alberto.
- Su actitud comercial nos recuerda a todo mi equipo que el acto de vender es un todo en el que múltiples factores darán un resultado final positivo o negativo - reflexionó Javier.
- Convertir un "no" de un cliente potencial en un "sí" supone un proceso global en el que debes tomar ventaja con herramientas como éstas - remarcó Alberto.
- De todas formas, esta cualidad tan especial que posee para la captación comercial no es casualidad. El chico, aunque es joven, se ha formado a conciencia y eso se nota en sus resultados de ventas. Se ha estado preparando para esto. Se ha especializado y eso se ha convertido en su seña de identidad, en su valor para ti, en su Marca Personal. Se ha convertido en un comercial único para el puesto que necesitas y que vas a crear - enfatizó Javier.
- Por supuesto.
- Con él estamos mejorando nuestra interpretación del lenguaje corporal de nuestros clientes - reconoció Javier.

- Estas cualidades únicas de Marcos os ayudarán a encontrar indicios de receptividad en vuestros clientes potenciales - remarcó Alberto.
- Y aprender a interpretar estas señales es una herramienta de venta muy importante.
- Puede ser un factor decisivo a la hora de triunfar o fracasar en una operación comercial - destacó Alberto.
- Una consecuencia positiva de darle más importancia a preparar las primeras reuniones con clientes potenciales es que estamos reduciendo el tiempo medio de las reuniones de captación - apuntó Javier.
- Y el tiempo es dinero - contestó Alberto.
- ¡Cómo lo sabes! - exclamó Javier.
- Y nosotros aquí, hablando de nuestras cosas, jeje - comentó Javier sonriente.
- Jeje. Nos lo hemos ganado.

El camarero interrumpe la conversación entre los dos amigos para recoger los platos. Ambos prefieren no tomar postre y piden directamente unos cafés para acompañar el final de su charla.

- Antes comentábamos la importancia de la gestión de nuestra marca personal en el mundo de las ventas - comentó Alberto, retomando la conversación.
- Sí, por supuesto. Es fundamental para aumentar nuestra credibilidad y capacidad real de ventas.
- Y, en tu opinión, ¿cómo gestionan nuestros políticos su marca personal? - preguntó Alberto.
- Bueno, los cuatro saben que necesitan apoyar sus candidaturas en una marca personal potente y bien diseñada para atraer al máximo número de cliente potenciales - respondió Javier.
- Sí, los electores deben ser el objetivo máximo en sus estrategias de creación de marca personal.
- ¿Y toman las decisiones correctas para conseguir más votos? - preguntó Javier.

- Esta pregunta la responderán los electores en las próximas elecciones - contestó Alberto.
- Cierto. Hasta entonces, podemos hablar sobre cuál de los cuatro candidatos gestiona mejor su marca personal en favor de la venta de su producto - destacó Javier.
- Sí. Para ti, ¿cuáles son las cualidades comerciales únicas de nuestros políticos? - preguntó Alberto.
- ¿Empiezas tú con los tuyos? -, preguntó Javier con ironía.
- Bueno, si me preguntas por Rajoy y Rivera, los veo enfrascados en una batalla por ser el candidato único de la derecha y, sinceramente, no sé quién saldrá ganador.
- En mi opinión, una estrategia basada en la oposición al contrario nunca es buena - apuntó Javier.
- Hasta ahora les ha salido bien. El PP sigue gobernando y Ciudadanos es el partido que más crece.
- Sí, a corto plazo están rentabilizando esta estrategia, pero a medio y largo plazo, estas disputas públicas pueden desgastar la imagen de ambos candidatos - razonó Javier.
- Es la apuesta de ambos. Están en modo pre-electoral y su gran objetivo es hacerse con la mayor cuota de mercado - remarcó Alberto.
- Solo digo que Rivera debería tener cuidado a la hora de tensar la cuerda por la falta de entendimiento con el PP - matizó Javier.
- Tienes que alejarte de tu oponente para diferenciarte de él - resumió Alberto.
- Es una estrategia de ventas muy utilizada pero, en mi opinión, Rivera no debería olvidar que gran parte de sus clientes potenciales han elegido en votaciones anteriores al PP - detalló Javier.
- Si me dejas terminar con Rajoy, considero que tiene una cualidad comercial que, cuando la utiliza bien, lo hace único.
- ¿Cuál? - preguntó rápidamente Javier
- Sabe gestionar los silencios como nadie - respondió Alberto.
- Sí, aunque a veces creo que se pasa de silencios - señaló Javier.

- No puedes estar siempre dando explicaciones sobre todo lo que te cuestionen tus oponentes, ya sean comerciales o políticos.
- No sé Alberto. No me gusta dar la callada por respuesta, en ningún ámbito de mi vida. Es una estrategia muy arriesgada que se puede volver rápidamente en tu contra.

Javier asistió durante sus años de universitario a múltiples charlas de distintos movimientos políticos, la mayoría del ámbito universitario, lo que hizo crecer en él su interés por la política. Ahora, escucha la radio y lee todo lo que puede sobre política en su escaso tiempo libre.

- ¿Y qué opinión tienes sobre la actitud comercial única de Pedro Sánchez y Pablo Iglesias? - preguntó Alberto.
- Pedro Sánchez cuenta con una cualidad comercial única - destacó Javier.
- ¿Cuál? - preguntó Alberto.
- Las décadas de historia que anteceden a su partido, el PSOE, algo que lo diferencia del resto de candidatos - señaló Javier.
- Sí, es posible.
- Y, en mi opinión, defiende el mensaje más ortodoxo de los cuatro - apostilló Javier.
- ¿Y crees que ha sabido sacarle partido a estas ventajas? - preguntó Alberto.
- Por ahora, creo que no lo ha logrado por completo, aunque va por el buen camino. Las próximas elecciones serán definitivas para afianzarse en el liderazgo de la izquierda.
- Y de su partido - remarcó Alberto.
- Si sale derrotado de la siguiente cita electoral, no sé si podrá recuperarse - ahondó Javier.
- ¿Y qué me dices de Pablo Iglesias? - preguntó Alberto, sin dejar pasar un segundo al comentario anterior de Javier.
- Para mí, Pablo Iglesias tiene algunas cualidades comerciales que lo hacen único desde el comienzo - razonó Javier.
- Ponme algún ejemplo - le pidió Alberto.

- Su estética, dialéctica y muchas de sus formas de hacer y concebir la política son diferentes al resto de candidatos y creo que acertó al canalizar los intereses de unos clientes potenciales insatisfechos.
- Bueno, es posible.
- ¿Me vas a dar la razón en algo positivo sobre Pablo Iglesias? - preguntó Javier empleando toda su ironía.
- Jeje, puede, pero nunca te lo reconoceré en público.
- ¡Trato!

D, DE DIVERTIDO

Alberto y Javier están disfrutando de la conversación. Hacía tiempo que no sacaban a relucir sus disputas ideológicas y, las pocas veces que lo han hecho, siempre han defendido sus ideas a capa y espada, desde el respeto. Hoy no será diferente.

- Por cierto, Alberto. ¿Qué comentó tu posible empleado sobre este restaurante? Hasta ahora, la atención al cliente y el servicio han sido muy eficientes.
- Te comento Javier. Al revisar su huella digital, especialmente en redes sociales, no vi nada sorprendente hasta que encontré su reseña de este lugar - respondió Alberto.
- Hay que pensar lo que uno escribe antes de publicarlo - comentó Javier.
- Lo tengo por un chico inteligente y prudente, pero ese día no pudo frenar el impulso de compartir una opinión nefasta sobre la atención al público aquí recibida - detalló Alberto.
- La verdad es que nosotros no podemos tener queja - recalcó Javier.
- Sí, es cierto. Lo más suave que escribió es que el trato del camarero fue calamitoso - explicó Alberto.
- ¡Vaya!
- Cuenta que le insultaron sin ningún motivo nada más entrar, que pidió la hoja de reclamaciones y, sin embargo, recibió excusas y malos modos por parte de un camarero - relató en tono serio Alberto.
- Si lo que cuenta es verdad, es algo grave - destacó Javier.
- Y todo para pedir un café para llevar - apuntó Alberto.

- Ese día tuvo que pasar algo que hoy no estamos viendo - remarcó Javier.
- Y, para colmo, se fue sin el café para llevar.

De repente, se hace el silencio. Llega el camarero, que sirve los cafés rápidamente y vuelve a dejarlos solos.

- Alberto, nos falta por comentar la cualidad más sonriente de un comercial del éxito.
- Sí. La 'D', de divertido.
- Una de las actitudes comerciales más importantes - destacó Javier.
- Cierto.
- ¿Qué sería de nuestras vidas sin la diversión? - preguntó Javier.
- ¿Otra vez te vas a poner filosófico? - repreguntó jocoso Alberto.
- Jeje. Sabes perfectamente de lo que hablo.
- Es que me divierte buscarte las cosquillas - comentó sonriente Alberto.
- Veo que las buenas costumbres nunca se pierden, jeje - apuntó alegremente Javier.
- Jeje. ¿Te acuerdas de los recreos en el instituto? - preguntó Alberto.
- Imposible olvidarse. Nos reíamos por todo - respondió Javier.
- Sin preocupaciones.
- Y con tanto por conocer - comentó Javier.
- El último año del instituto nos creíamos los reyes del mambo - rememoró Alberto.
- ¡Claro! Éramos los mayores
- Y nuestro principal objetivo era divertirnos - apostilló Alberto.

Alberto y Javier vuelven a recordar nuevamente sus años de juventud. Ninguno de los volvería a esta etapa de su vida en la que tanto desconocían. Ahora disfrutan de una vida más completa, pero también con muchas más obligaciones, aunque sin olvidar la importancia de ser feliz.

- Yo considera que una una actitud divertida es fundamental para la vida - aseguró Javier.
- Y para el trabajo - refrendó Alberto.
- Por supuesto.
- En mi opinión, la diversión es más que una actitud comercial - señaló Alberto.
- Es un trampolín sobre el que impulsarte para alcanzar el éxito.
- Aquí te doy la razón, Javier.
- Si eres capaz de encontrar la diversión es tu puesto de trabajo, siempre serás más eficiente - destacó Javier.
- Compartir con tu cliente una actitud comercial divertida puede decidir una venta - destacó Alberto.
- Y levantarse con una sonrisa es la mejor forma de comenzar tu jornada laboral - apuntó Javier.
- Sí, aunque a veces sea complicado - señaló Alberto.
- Por supuesto, no todo serán alegrías.
- Siempre habrá problemas en el camino.
- Y podemos cometer errores - apostilló Javier.
- Un comercial de éxito debe disfrutar al máximo de su trabajo - aseguró Alberto.
- Tienes que encontrar la diversión en tu trabajo, sea cual sea.
- Es una de las fórmulas para triunfar en el mundo de las ventas - comentó Alberto.
- Completamente de acuerdo.
- En mi día a día profesional, relaciono la diversión con sentir pasión por las ventas - aseveró Alberto.
- Yo disfruto del trabajo conjunto con mi equipo de ventas, y la diversión te puede ayudar a lograrlo - comentó Javier.
- A eso me refería antes. No consiste en reírnos por reírnos. Te hablo de aprender a tomarnos la vida con sentido del humor - continuó Alberto.
- Y también nuestro trabajo.
- Encontrar el lado divertido a tu faceta comercial es un ejercicio de automotivación - destacó Alberto.

- Si hago algo lo que realmente me gusta y además me divierto, lo voy a hacer mejor
- Aquí sí nos entendemos a la perfección - apuntó Javier.
- Porque me pone lo que hago - enfatizó Alberto.

A Alberto le encanta dar charlas motivacionales a su equipo de ventas. Disfruta durante su preparación buscando citas y ejemplos prácticos, se divierte dándolas y los resultados de ventas en su empresa han mejorado.

- Para disfrutar del arte comercial tienes que pensar que vas a triunfar - destacó Alberto.
- ¿Y cómo disfrutan nuestros cuatro candidatos a las elecciones del arte de las ventas? - preguntó Javier.
- Pensando que van a triunfar en las próximas elecciones - respondió tajante Alberto.
- Todos quieren ganar - aseguró Javier.
- Como tú y yo.
- Evidentemente.
- Los candidatos con sus partidos políticos y nosotros con nuestros equipos de venta - apostilló Alberto.
- En mi opinión, los políticos saben disfrutar de su trabajo, a pesar de todas las críticas que reciben - aseguró Javier.
- Y aunque no acierten siempre en sus decisiones, están obligados a mantener su sonrisa - apostilló Alberto.
- Ahora que comentamos la actitud comercial divertida de nuestros políticos, me he acordado de algunos portavoces de partidos minoritarios.
- ¿En qué sentido? - preguntó Alberto.
- Bueno, en los últimos años ha habido varios ejemplos en el hemiciclo del Congreso de los Diputados que se han forjado una marca personal basada en una actitud "divertida", por así decirlo - destacó Javier.

- La verdad es que algunos de los oradores han sido realmente divertidos en algunas de sus intervenciones parlamentarias - comentó Alberto.
- Algunos de ellos saben que no van a ganar las elecciones, pero se divierten defendiendo sus ideas por encima de todo y, de paso, haciéndoselo pasar mal al Gobierno de turno en su papel de oposición beligerante - respondió Javier.
- Saben tomarse su trabajo con sentido del humor. Aunque algunas veces tiene más de "malafollá granaina" que de humor - apostilló Alberto.
- Sí, aunque no estés de acuerdo con sus ideas.
- Por supuesto. Es imposible estar de acuerdo con todas las ideas propuestas en el Congreso.
- La ironía y sátira de algunos políticos en el Congreso de los Diputados puede ser deliciosa, si compartes sus ideas, u odiosa si estás en contra de sus postulados ideológicos - detalló Javier.
- Saben retorcer el lenguaje a su favor, en el buen sentido. y casi siempre, sin faltarse al respeto - destacó Alberto.
- Bueno, hay de todo - remarcó Javier.

Javier sabe de la importancia de una actitud divertida del trabajo y, siempre que puede, lo fomenta. De él surgió la idea hace unos años de formar un equipo de fútbol sala entre los aficionados que hay en su empresa, que son muchos. Ya es la cuarta temporada que participan en la liga municipal y, aunque sus resultados no son los mejores, disfrutan de un buen rato durante el partido y, sobre todo, en el "tercer tiempo".

- Te reconozco que la socarronería de Rajoy me divierte muchísimo - destacó Alberto.
- Socarrón sí que es - apuntó Javier.
- No sé exactamente cómo lo hace, pero me saca una carcajada de vez en cuando con sus respuestas, dentro y fuera del Congreso - detalló Alberto.
- Tiene su público. Esto es seguro. Y la experiencia es un grado - aseguró Javier.

- Sabe fidelizar muy bien a sus clientes. En eso no hay quien le gane - confirmó Alberto.
- Pues, ya que hablamos de diversión, a mí cuesta mucho ver esa faceta en la actitud comercial de Albert Rivera - señaló Javier.
- Dale tiempo, Javier.
- Yo no soy quién tengo que dárselo, sino sus clientes potenciales - contestó Javier.

Alberto disfruta rebatiendo a Javier sus opiniones sobre Pablo Iglesias. Es el principal factor de desencuentro entre ambos, aunque los dos saben que nunca va a sobrepasar los límites que marca la educación y la amistad entre ambos.

- Y ahora me dirás que Pablo Iglesias sí posee una actitud comercial divertida - destacó Alberto.
- ¡Pues sí! - respondió rápidamente Javier.
- Fíjate que me lo esperaba, jeje - comentó sonriente Alberto.
- Jeje. Realmente creo que Pablo Iglesias sabe explotar su bis cómica. La experiencia frente a las cámaras y la imagen que proyecta en redes sociales le otorga cierta ventaja sobre el resto de candidatos. Esa es mi opinión - reflexionó Javier.
- No sé Javier, no sé. Me cuesta ver estas actitudes comerciales tan positivas en Pablo Iglesias, aunque respeto tu punto de vista.
- Alberto, puedo entender los recelos que te genera su figura, al igual que a un amplio porcentaje de sus clientes potenciales, los electores, pero ha conectado con un público necesitado de un producto novedoso.
- Bueno, puede ser - comentó dubitativo Alberto.
- Ahí están sus millones de votos en las pasadas elecciones como prueba de lo que comentas - realzó Javier.
- Los apoyos que ha recibido hasta ahora son un hecho indiscutible - concedió Alberto.
- En cambio, creo que Pedro Sánchez tiene que relajarse y disfrutar más de su trabajo - comentó Javier.

- Se le nota siempre en tensión - apuntó Alberto.
- Y eso no le ayuda en las ventas.
- Definitivamente, no - destacó Alberto.
- Si quiere triunfar en la venta de su producto, Pedro Sánchez tiene que enseñarnos su actitud comercial más divertida - apostilló Javier.

El camarero pasa por la mesa de Javier y Alberto y observa que han acabado con sus respectivos cafés. Mientras los recoge, Alberto toma la iniciativa para averiguar todo lo que pueda sobre la reseña negativa al restaurante de su posible empleado, el único motivo por el que vino hasta aquí.

- Disculpe, ¿puede traernos la cuenta la persona responsable del establecimiento? - preguntó David.
- Sí, por supuesto. Aviso enseguida a nuestra encargada - respondió el camarero.
- Gracias.
- ¿Ha sucedido algo durante su comida que no le haya gustado? - preguntó el camarero.
- No. Quiero comentarle un asunto sin relación con este servicio - respondió Alberto.
- Ahora mismo. Un momento, por favor - contestó el camarero, antes de marcharse.

·

ACTITUD COMERCIAL (EPÍLOGO)

Alberto se había olvidado por un momento de su motivación para venir al restaurante, pero la llegada del camarero se lo ha recordado. De todas formas, se alegra mucho de haber venido, independientemente de lo que sea capaz de averiguar. "Solo por el placer de la conversación con mi amigo Javier ha merecido la pena venir", pensó.

- Javier, creo que ya hemos hablado sobre las siete actitudes necesarias para convertirse en un comercial de éxito.
- Sí, vaya repaso le hemos dado - destacó Alberto.
- A las ventas, y a nuestros candidatos a la próximas elecciones.
- Para ofrecer las mejores respuestas, es fundamental hacer las preguntas adecuadas - reflexionó Alberto.
- Por ejemplo, ¿qué esperan los clientes de mí y de mi producto? - preguntó Javier
- Muy sencillo. Satisfacer sus necesidades y expectativas - respondió tajante Alberto.
- Yo, como director comercial, ¿cuál es mi principal motivación?
- Ganar dinero - contestó Alberto sin ápice de duda.
- ¿Y cuál es la principal motivación de nuestros políticos?
- Ganar las elecciones.
- ¿A quién le voy comprar si me ofrecen el mismo producto? - preguntó Javier.
- Depende de mis motivaciones de compra - respondió Alberto.
- Y de la confianza que generes en tu público objetivo - apuntó Javier.
- ¿Y qué esperan los electores de los políticos? - preguntó Alberto.

- Que cumplan las promesas hechas durante la campaña electoral - respondió Javier.
- ¿Y cómo venden los candidatos al Gobierno su producto, el mensaje ideológico, a sus clientes potenciales, los electores? - preguntó Alberto.
- La pregunta por la que comenzamos esta conversación fue: "Si Mariano Rajoy, Pedro Sánchez, Albert Rivera y Pablo Iglesias fueran comerciales, ¿a quién contratarías?" - concretó Javier.
- Mi respuesta sería: "Todo depende del perfil comercial que estés buscando" - razonó Alberto.
- Tienes toda la razón. Tienes que encontrar un comercial que cumpla unos objetivos comerciales previamente definidos y, en función de los mismos, optar por distintos perfiles profesionales - señaló Javier.
- Efectivamente.
- Y según lo que necesite de ellos, elegir de entre las diversas candidaturas, ya sea para un puesto de comercial o a un cargo político de primer orden como la Presidencia del Gobierno - destacó Javier
- Como otras tantos aspectos, esta máxima se puede aplicar por igual a las ventas y a la política - apuntó Alberto.
- ¡Qué razón llevas!

Como en otros tantos elementos del mundo de las ventas, Alberto y Javier comparten una misma visión sobre la importancia de elegir a los candidatos en función de su perfil profesional. Ambos están muy involucrados en la búsqueda de personal para sus equipos de ventas.

- Por ejemplo, si necesitaras a alguien que tenga contactos comerciales de primer nivel, ¿a quién contratarías? - preguntó Javier.
- A Mariano Rajoy - respondió Alberto.
- ¿Y cuáles son sus principales valores comerciales? - preguntó Javier.

- En mi opinión, Mariano Rajoy ha vendido muy bien su experiencia y solidez durante unos años muy complicados. Y lo sigue haciendo, ahora que ya ha pasado lo peor - comentó Alberto.
- No sé, a veces me cuesta entender la estrategia de ventas de Rajoy - reflexionó Javier.
- Es muy sencillo. Está en fase de fidelización - aseguró Alberto.
- Sí, pero… ¿desde hace cuántos años? - preguntó con cierta retranca Javier.
- Bueno, su target de público objetivo no es el cliente potencial más joven, y te repito que le funciona - aseguró Alberto.
- Y yo te repito que, "por ahora", le sigue funcionando, aunque veremos en las siguientes elecciones.
- Pronto sabremos si llevas razón - razonó Alberto.
- Sí, muy pronto.
- Rajoy piensa que ya tiene el mercado y ahora lo que quiere es mantenerlo. Está en proceso de fidelización - aseveró Alberto.
- ¿Y cómo crees que debe mantener a sus clientes, los electores? - preguntó Javier.
- Destacando los cualidades que lo han llevado al liderazgo de su partido y del país
- ¿Y crees que está realizando una estrategia de comunicación atractiva para sus clientes? - preguntó Javier.
- A pesar de las críticas que recibe, sigue conectado a su público y no se vislumbra otro candidato en su partido que vaya a hacerle sombra - respondió Alberto.
- Yo no lo veo así. En mi opinión, Rajoy ha equivocado su estrategia de comunicación.
- ¿A qué errores te refieres?, preguntó Alberto.
- Por ejemplo, ha optado un perfil comercial bajo que, según mi modo de entender las ventas, no le ayuda a alejarse de situaciones adversas, en vez de afrontar los hechos y plantear soluciones - contestó Javier.

- Eso tendrá que cambiar en la campaña electoral - detalló Alberto.
- Sí. Vamos a ver mucho más a Rajoy y al resto de candidatos dentro de muy poco.
- Seguro que sí. No les queda otra si quieren ganar - remarcó Alberto.

La campaña electoral es el momento en el que muchos electores deciden a que candidato van a otorgar el premio de su voto. En el caso de Alberto y Javier, es posible que lo tengan decidido después de esta conversación.

- Si lo que buscas es un comercial que te genere nuevos clientes y resultados en poco tiempo, ¿a quién contratarías? - preguntó Javier.
- Ante esta disyuntiva, elegiría a Albert Rivera - respondió Alberto.
- ¿Y cuál el producto Rivera?
- La visión comercial de Albert Rivera tiene un objetivo muy claro: sumar clientes, en su caso electores, en el menor tiempo posible - destacó Alberto.
- Tiene las expectativas de venta muy altas - argumentó Javier.
- Sí, conoce su público objetivo y, en mi opinión, lo está trabajando muy bien de cara a las próximas elecciones.
- Si me permites el símil, Ciudadanos sería la empresa seguidora que recoge al público insatisfecho de la empresa líder de su sector, en este caso, el Partido Popular de Mariano Rajoy - reflexionó Javier.
- Estoy de acuerdo. Rivera recoge a los electores insatisfechos con su competencia más directa - comentó Alberto.
- Y su imagen de centralidad política favorece la búsqueda de clientes potenciales.

La llegada de Ciudadanos y Podemos al ruedo político removió los cimientos de la estructura de partidos políticos en España. Alberto y

Javier lo consideran algo positivo, independientemente del grado de acuerdo con sus con sus postulados ideológicos.

- ¿A quién contratarías si necesitaras un comercial que diera un puñetazo en la mesa para reactivar una empresa en caída libre?
- Pablo Iglesias. Sin duda. Es el más reactivo de los cuatro candidatos. Puede que fracase, pero hará todo lo posible durante el camino por triunfar.
- No sé, Javier. Yo no lo veo así.
- ¡Qué poco te gusta Pablo Iglesias! - exclamó sonriente Javier.
- Sí, es cierto. Yo, sinceramente, jamás contrataría a Iglesias - reflexionó Alberto
- ¿Por qué? - preguntó Javier.
- No me interesa su producto - aseveró Alberto
- Bueno, a millones de clientes sí les interesó en las anteriores elecciones.
- Bueno. Respeto tu opinión, pero veremos cómo se les dan las próximas generales - comentó Alberto.
- La estrategia de ventas de Pablo Iglesias necesita a los medios de comunicación para vender su producto. Todos los candidatos lo necesitan pero él quizás más que el resto - destacó Javier.
- En parte, sí.
- Su propuesta comercial pretende ser la alternativa al resto de candidatos - aseguró Javier.
- De todas formas, creo que Pablo Iglesias ha perdido parte de esa atracción inicial tan fuerte que tuvo con sus clientes potenciales - opinó Alberto.
- Por cierto, llevamos ya un buen rato hablando y hasta ahora no habíamos comentado nada sobre Alberto Garzón - comentó Javier.
- ¡Anda! Izquierda Unida - recordó Alberto.
- Sinceramente, creo que Alberto Garzón podría haber sido una voz comercial válida - comentó Javier.
- Creo que nunca lo sabremos.

- Nunca se sabe. Todo puede cambiar - reflexionó Javier.

Alberto vuelve a pensar en la reseña negativa del restaurante. Necesita respuestas y no se irá de aquí sin encontrarlas.

- Si necesitaras a alguien para mejorar tus ventas a través de un mensaje comercial reposado, tranquilo, sin estridencias, ¿a quién contratarías? - preguntó Alberto
- A Pedro Sánchez. Lo tengo muy claro - respondió rápidamente Javier.
- ¿Qué actitudes comerciales destacarías de él? - repreguntó Alberto.
- Creo que, por encima del resto, me quedaría con su gran tenacidad e implicación comercial. De otra forma no se explicaría el camino tan complicado que ha recorrido para volver al liderazgo del PSOE - destacó Javier.
- Ahí le salió bien la jugada - apuntó Alberto.
- Además creo que la estrategia de ventas de Pedro Sánchez es la más ortodoxa de los cuatro candidatos.
- ¿En qué sentido? - volvió a preguntar Alberto.
- Por ejemplo, en su política de comunicación. Su objetivo es alejarse del ruido mediático y establecer nuevas fórmulas para conectar con su público objetivo..
- No sé Javier. Para mí, el producto que ofrece Pedro Sánchez consiste en hacer todo lo contrario que haga y diga Mariano Rajoy.
- Esa es una de las críticas que más recibe, pero creo que le pasa algo similar a lo que comentábamos antes sobre Rivera - comentó Javier.
- ¿En qué sentido? - preguntó Alberto.
- Creo que Pedro Sánchez y Albert Rivera, como segunda y tercera fuerza con mayor intención de voto estimado de cara a las próximas elecciones generales, están proyectando una imagen de sí mismos contraria a su máximo rival, Mariano Rajoy y el Partido Popular - opinó Javier.

- Sí. Quieren alejarse de su competencia.
- Esta estrategia, bien definida, puede darle millones de votos - apuntó Javier.
- O perder aún más millones de apoyos - destacó Alberto.

Alberto y Javier sonríen porque saben que sus diferencias ideológicas no se van a solucionar con una conversación durante una comida. En realidad, ninguno de los dos lo considera un problema.

- Por mucho que debatamos, vamos a seguir en desacuerdo sobre la opinión que tenemos de nuestros candidatos - aseguró Javier.
- Es evidente que algunas de nuestras opiniones políticas no coinciden - prosiguió Alberto.
- En eso estamos de acuerdo - apuntó Javier con una sonrisa dibujada en su cara.
- Pero nos une nuestra amistad y nuestra pasión por las ventas
- Yo siempre respeto las opiniones diferentes a las mías, en mi trabajo y, por supuesto, en la política - continuó Alberto.
- Sí. Todas las opiniones son válidas.
- Siempre que estén bien defendidas - puntualizó Alberto.
- Además, por mucho que teoricemos, el cliente será el que finalmente elija.
- ¡Eso siempre! - exclamó Alberto.
- Tú y yo, con nuestras diferencias ideológicas, entendemos de manera muy similar el arte de la venta - aseguró Javier.
- Perseguimos los mismos objetivos comerciales - detalló Alberto.
- Por supuesto.
- Disfrutamos al máximo de nuestro trabajo - enfatizó Javier.
- Y nuestros pensamientos políticos no influyen en nuestras estrategias de venta - aseguró Alberto.
- En todo caso, son los políticos los que aprovechan nuestras estrategias comerciales - comentó sonriente Javier.
- Utilizan nuestras ideas sobre ventas a su favor, jeje - respondió Alberto.

- Jeje. ¡Sí! - asintió Javier.
- Javier, ¿te acuerdas de la regla nemotécnica MICASO?
- Sí, claro. Es la que define motivaciones de compra.
- Efectivamente.
- ¡Cuantas reglas nemotécnicas! - exclamó divertido Javier.
- Sí. Las hay para todo.
- Hoy mejor nos quedamos con la actitud comercial - comentó Alberto.
- Y otro día hablamos de MICASO - apuntó Javier.
- ¡Hecho! - exclamó Alberto.

Justo en este momento, observan que llega alguien a la mesa con la cuenta. No es el camarero.

- Hola, buenas tardes. Soy Diana, la encargada del restaurante. Les traigo la cuenta.
- Gracias - respondió Javier.
- Me ha comentado el camarero que querían hablar conmigo - señaló Diana.
- Sí - contestó Alberto.
- Pues díganme en en qué puedo ayudarles - comentó Diana.
- Pues verá usted, se lo explico muy rápido. Mi nombre es Alberto y estoy recabando información sobre un candidato a un puesto de trabajo en mi empresa. Al revisar su huella digital, he encontrado que publicó un comentario muy negativo sobre este restaurante. ¿Podría darnos alguna explicación?
- ¿Una reseña negativa? ¿Dónde? - preguntó Diana.
- Vaya, parece que no es la primera vez que les ocurre - comentó Javier.
- Disculpe, pero en nuestro oficio estamos expuestos a la crítica de nuestros clientes, a veces sin compasión - señaló Diana.
- Este chico del que yo le hablo pidió un café para llevar y tuvo una experiencia de compra muy desagradable, por lo que cuenta en esta reseña - comentó Alberto, al mismo tiempo que le

mostraba a Diana en la pantalla de su móvil el comentario en cuestión.

- ¡Anda, el chico del café para llevar! - exclamó Diana, aliviada por saber de quién le estaban hablando.
- ¿Se acuerda de él? - preguntó Alberto
- ¿Estaba usted aquí? - repreguntó Javier.
- En el momento que ocurrió el incidente no me encontraba en el restaurante. ¿Se llama Carlos?
- Sí - contestó Alberto
- ¿Y cómo lo sabe? - preguntó Javier, igual de atento que Alberto a las explicaciones de Diana.
- Porque contesté personalmente a su comentario el mismo día que ocurrió este desagradable incidente - respondió Dina.
- ¿Podría contarnos todo lo que sepa sobre qué ocurrió? - preguntó Alberto.
- El desgraciado incidente tuvo lugar a primera hora de la mañana, hace unas tres semanas. Me acuerdo perfectamente porque tuve que dejar a mis hijos en el colegio un día que se iban de excursión y llegué algo más tarde de lo habitual.
- Todos tenemos ocupaciones fuera del horario de trabajo.
- Cuando llegué al restaurante, observé un ambiente enrarecido en los compañeros del turno de mañana.
- ¿A qué se refiere con ambiente enrarecido? - preguntó Javier.
- Estaban muy serios y me encontré a la mayoría en la cocina, sin hacer mucho y hablando en grupo.
- ¿Y qué ocurría? - volvió a preguntar Alberto, cada vez más interesado en el relato de Diana.
- Según lo que me contaron los propios empleados, un camarero recién contratado acababa de gritar e insultar a un cliente que le había pedido un café para llevar.
- ¡Sí que es Carlos! - respondió Alberto.
- ¿Y sabría decirnos por qué le insultó el camarero? - preguntó Javier.

- Ninguno de los presentes se lo explica. Por lo visto, todo sucedió todo muy rápido. Los otros tres empleados que había en ese momento no estaban junto a él y solo escucharon varios insultos proferidos por uno de los camareros y el sonido de la puerta cerrándose rápidamente y las quejas de un cliente que se marchaba rápidamente.
- ¿Y qué sucedió después? - preguntó Alberto.
- Le repito que todo fue muy rápido. Los otros empleados intentaron hablar con él, pero ya había cogido su coche y estaba saliendo del aparcamiento - detalló Diana.
- Y, si no es mucha pregunta, ¿le dio su camarero alguna explicación sobre su comportamiento? - volvió a preguntar Alberto, que necesitaba más información.
- Fui directamente a hablar con él y, bueno, no quiero entrar en detalles personales.
- Solo queremos que nos cuente lo que usted considere oportuno.
- Básicamente, intentó convencerme de que no había hecho nada malo, pero me reconoció los insultos hacia el cliente, así que no tuve más remedio que despedirlo en ese mismo momento.
- Su actitud y falta de profesionalidad le obligó a tomar esa difícil decisión - aseguró Alberto
- Sí. Nunca es agradable despedir a nadie, pero en nuestro trabajo no se puede permitir que un cliente reciba gritos por nuestra parte - aseguró Diana.
- En el nuestro tampoco - refrendó Javier.
- Menos mal que no había muchos clientes. A los poco que estaban en ese desagradable momento les pedí disculpas personalmente y les invité a lo que estaban tomando.
- Hay que fidelizar a la clientela - destacó Javier.
- ¿Y usted conoce a este chico, a Carlos? - preguntó Diana.
- Sí - contestó sucintamente Alberto.

- Por favor, si va a verlo pronto, dígale de nuestra parte que sentimos mucho lo ocurrido, que tiene toda la razón con su queja - señaló Diana.
- Se lo comentaré. No tenga duda sobre ello.
- Nos encantaría que se pasara por aquí y resarcirle de tan mala experiencia - aseguró Diana.
- Mañana a primera hora tengo una reunión con él para ver si definitivamente lo contrata mi empresa y le aseguro que va a ser lo primero que le voy a comentar.
- Solo una cosa más - comentó Diana.
- Sí, dígame - respondió Alberto.
- Mis empleados me dijeron que a pesar del maltrato verbal recibido por parte de nuestro camarero, este chico, Carlos, mantuvo las formas y no perdió la compostura en ningún momento. Por si le ayuda a darle el empleo.
- Muchas gracias. Me ha sido de gran ayuda. Y le aseguro que lo tendré en cuenta.

ENCUESTA

Querido lector:

En las siguientes páginas va a encontrar los resultados de una encuesta realizada entre 46 expertos en formación comercial, directores comerciales, vendedores, consultores de negocio y compañeros de la profesión que han tenido a bien perder cinco minutos de su tiempo en contestar a estas pocas preguntas.

Esta es una encuesta profesional, basada en las siete características que hemos trabajado durante todo este libro, así que no tienen ningún interés político ni de influencia o persuasión sobre el lector.

Por ello, creo conveniente que el lector lo tome así, como lo que es: un estudio entre profesionales de la ventas. Todo lo que no sea así es cosa suya.

Quiero dar las gracias especialmente a Santiago Torre, Antonio Sánchez, Nathan Manzaneque, Juan Padilla, Ricardo Ramos, Juan de Dios Salinas, Pilar Punzano, Javier Arnal, Pedro González, Manuel Vidal, Nuria Alba, Victor Barajas, Inma Higuero, Amaia Estala, y a todos los que han ayudado a elaborar esta encuesta.

A, de actor

TECNICAS TEATRALES DE COMUNICACIÓN COMERCIAL: ¿Quién consideras, desde un punto de vista comercial, que es mejor ACTOR?

46 respuestas

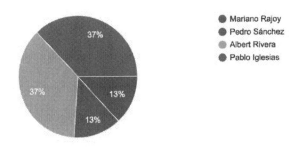

● Mariano Rajoy
● Pedro Sánchez
● Albert Rivera
● Pablo Iglesias

C, de CURIOSO

CURIOSIDAD: Como el arte de estar preparado para el puesto. ¿Quién consideras que está mejor formado para entender a su cliente (elector)?

46 respuestas

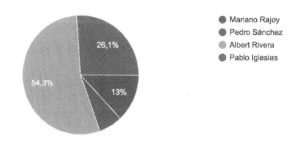

● Mariano Rajoy
● Pedro Sánchez
● Albert Rivera
● Pablo Iglesias

T, de TENAZ

TENACIDAD: entendido como no desfallecer ante el desaliento. ¿Quién gestiona mejor el NO, los contratiempos del día a día?

45 respuestas

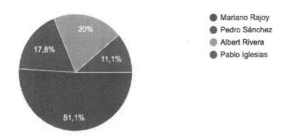

- Mariano Rajoy
- Pedro Sánchez
- Albert Rivera
- Pablo Iglesias

I, de IMPLICADO

IMPLICACIÓN: como estar a muerte con sus planteamientos y estrategias comerciales (electorales) sin ceder ni un ápice a la realidad.

45 respuestas

- ● Mariano Rajoy
- ● Pedro Sánchez
- ● Albert Rivera
- ● Pablo Iglesias

T, de TORERO

TORERO: quién desde tu punto de vista sabe "torear" mejor los envites del día a día, de la oposición (de los clientes o de la competencia).

46 respuestas

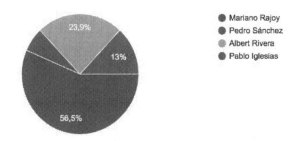

- Mariano Rajoy
- Pedro Sánchez
- Albert Rivera
- Pablo Iglesias

U, de ÚNICO

ÚNICO: quién, desde tu punto de vista gestiona mejor su marca personal para conseguir más votos (más clientes)

46 respuestas

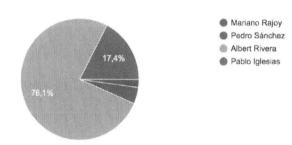

D, de DIVERTIDO

DIVERTIDO: quién consideras tu que disfruta más de su trabajo. Con quién te irías a tomarte algo y a pasar un día viviendo su vida.

44 respuestas

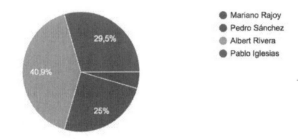

- Mariano Rajoy
- Pedro Sánchez
- Albert Rivera
- Pablo Iglesias

Sobre el Autor

Soy Agustín Nuño Rodríguez, (Granada, 1975), licenciado en Ciencias de la información por la Universidad Complutense de Madrid, postgrado en Dirección Comercial por ESIC, director del PDC, Programa de Desarrollo Comercial, consultor, formador y motivador de equipos comerciales.

A lo largo de mi carrera he alcanzado una sólida y dilatada experiencia en diferentes procesos de venta al haber trabajado en la mayoría de los puestos comerciales hasta que me establezco como consultor independiente ayudando a mejorar procesos comerciales a empresas de los más diversos sectores y formando anualmente a más de 900 comerciales de diferentes empresas, entre las que cabe destacar empresas del sector tecnológico, start-ups, sector turístico, energético, farmacéutico, seguros, etc.

Me considero un especialista en el desarrollo comercial por mi altas dotes y capacidad de motivar a equipos comerciales mediante el humor y la capacidad de hacer disfrutar a los demás de lo que es su pasión: las ventas. A mi #MePoneLoQueHago.

Mi objetivo profesional es reivindicar la importancia y el valor de la función comercial en la empresa, como motor final para hacer crecer la economía.

Este es mi primer libro. Espero que no el último y que lo disfruten.

Testimonios sobre el autor

Ginés Moya
Specialist delivery Management, Enterprise Sales en VODAFONE

Gran motivador y formador, todos los comentarios y feedback que me llegan de Agustín son excelentes. Venta consultiva, te ayudará a ti y a tu equipo a aumentar ventas, eficiencia y rentabilidad.

Juan Gadeo Calera
Consultor especialista en metodología LEGO SeriousPlay

Agustín es un tipo especial. Un torbellino de energía que él sabe canalizar muy bien. Ya que es el mejor escudero que se puede tener en el difícil arte de aumentar los ratios en los procesos de venta. Es incansable y se nota al primer segundo de conocerlo que le apasiona lo que hace. Los resultados son espectaculares. Si necesitas alguien que te enseñe a vender más, Agustín Nuño es el profesional que estás buscando.

Juan de Dios Salinas
Experto en transformación digital para PYMES

Agustín es pura venta, es pura docencia. Agustín no te enseña a vender. Agustín hace que sientas la venta y que la APRENDAS de manera diferente. Con muchos años de experiencia y una manera partícular y muy efectiva de transmitir y extraer el potencial de VENDEDOR que todos tenemos dentro de nosotros. Un profesional altamente recomendable que sin duda no te dejará indiferente. Poner a tu equipo comercial en manos de Agustín, será todo un acierto. Cien por cien recomendable.

Nathan Manzaneque
Consultor en Ventas y Marketing por Recomendaciones

Agustín es un directivo con una trayectoria y experiencia muy dilatada. Su habilidad como formador es notable, y tras haberle visto en acción puedo recomendarlo con toda tranquilidad como un profesional con el que trabajar. Un valioso recurso para cualquier equipo.

Marcello Mémolli
Cónsul AH de Italia & Consultor de Desarrollo de Negocio e Internacionalización

Agustín Nuño, como consultor y coach comercial, ha demostrado ser un notable profesional, aportando demostrada experiencia en su sector y ha conseguido definir, organizar y desarrollar el proyecto cometido en la compañía con éxito.

Es una apuesta segura para cualquier organización por ser una persona con enorme visión de negocio, destacada capacidad de gestión y de negociación. Su elevado nivel de compromiso y responsabilidad hacen que Agustín sea un candidato idóneo para cualquier organización.

95588682R00059

Made in the USA
Lexington, KY
10 August 2018